Se vale soñar en GRANDE!

STS-128

El cosechador de estrellas

La inspiradora historia de un soñador incansable:
el astronauta José Hernández

José Hernández Moreno
con Mónica Rojas Rubín

México, 2016

GRUPO EDITORIAL PATRIA

Para establecer comunicación con nosotros puede hacerlo por:

correo:
Renacimiento 180, Col. San Juan Tlihuaca, Azcapotzalco, 02400, México, D.F.

fax pedidos:
(01 55) 5354 9109 • 5354 9102

e-mail:
info@editorialpatria.com.mx

home page:
www.editorialpatria.com.mx

Dirección editorial: Javier Enrique Callejas
Coordinación editorial: Lorena Blanca
Diseño de interiores: Gustavo Vargas M. y Jorge Martínez J.
Diseño de portada: Juan Bernardo Rosado Solís
Supervisión de preprensa: Gerardo Briones González

Los créditos de imágenes y fotografías de este libro aparecen en las páginas 229 a 234. Su inclusión en esta obra no autoriza su reproducción ulterior sin seguir los lineamientos que cada autor, editor o licenciatario de dichas imágenes y fotografías indiquen de manera particular.

Nota del editor:
Se ha hecho todo esfuerzo posible para asegurar que la información contenida en este libro es precisa al momento de imprimirse, y los editores y autores no pueden aceptar responsabilidad por errores u omisiones que, a pesar de ello, hubieran ocurrido. El editor y los autores no son responsables por la pérdida o daño ocasionados a cualquier persona que actúe o deje de hacerlo, como resultado del contenido de esta publicación.

Contenido

Testimoniales

El libro *El cosechador de estrellas* suena increíble. ¿Cómo es posible que un niño que se crió en los campos de California y tenía que vender chocolates haya llegado al espacio y se haya convertido en el primer astronauta en utilizar Twitter en español desde la Estación Espacial Internacional? Es posible. La vida de José Hernández tenía que contarse. En una época en que ser hispano e inmigrante es tan difícil, José nos demuestra que todos los obstáculos —todos— se pueden superar con mucho trabajo y un objetivo claro. José llegó a las estrellas y este libro nos permite llegar a lo más alto con él.

JORGE RAMOS
Periodista y escritor
"La voz de los que no tienen voz"

Vivo ejemplo de enfoque, lucha, esmero y superación, los pasos dados en su vida abren camino para todos aquellos hombres y mujeres dispuestos a romper esquemas. Con su viaje al espacio nos mostró que no hay fronteras a la hora de realizar sueños. Desde allá unió diferentes culturas y generaciones a través de las redes sociales y nos ayudó a crear conciencia. Por él reafirmé mi compromiso de amor por mi planeta. José más que orgullo hispano, es orgullo para la humanidad. ¡Adelante hermano!

ENRIQUE JOSÉ MARTÍN MORALES (RICKY MARTIN)
Multigalardonado cantante, compositor, actor y filántropo

Este libro es una verdadera joya. El astronauta José Hernández nos adentra a la mente de un niño migrante con grandes sueños y al fascinante mundo del programa espacial norteamericano. Es una historia con muchas lecciones de vida sobre esfuerzo, perseverancia, éxito, valores familiares y profundo orgullo en sus raíces culturales. No hay duda que inspirará a muchos. Gracias, José, por darnos un ejemplo de lo que es vivir el sueño americano.

MARÍA ELENA SALINAS
Periodista premio nacional Emmy y defensora
de los derechos de los hispanos en Estados Unidos

Siempre he creído que para trascender en la vida hay que trabajar día a día con el alma y el corazón, pero sobre todo, mantener la ilusión y soñar. José es un claro ejemplo de cómo lograrlo y en este libro con Mónica nos platica cómo llevó su sueño más allá de nuestras fronteras.

FERNANDO COLUNGA OLIVARES
Actor

Para José Hernández no existen imposibles, así lo ha demostrado desde su niñez. Cuando apenas comenzaba su recorrido por el planeta, se negó a dejar que las limitaciones económicas de su familia dictaran su futuro. Se atrevió a soñar, a pensar en grande y luego, impulsado por su espíritu de superación, convirtió lo que parecía inalcanzable en una realidad: llegó al espacio. Su travesía tiene matices de alegría, frustración, pero sobre todo, de determinación. Conocer la historia de José, es conocer la historia de un líder nato que mantiene su humildad a pesar de haber logrado pasear entre las estrellas.

SATCHA PRETTO PADILLA
Periodista y conductora de televisión

Alcanzar las estrellas es el sueño de muchos. Contra todo pronóstico, José Hernández vio de frente a las estrellas. El amor de su familia, la necesidad de trabajar desde pequeño y el respeto por la educación hicieron de él un soñador de hierro. Con paso firme, Jose buscó y encontró. Con los pies en la tierra y el corazón en la mano, él nos enseña a soñar despiertos. Hoy brilla como las estrellas, es luz en el camino de aquellos que dudan de sí mismos. La aventura de José Hernández conmueve, provoca e inspira.

ANA MARÍA LOMELÍ ROBLES
Periodista y comunicadora premio Antena

Es un honor para mí hablar sobre la increíble historia de arduo trabajo, perseverancia y determinación de José Hernández. Cuando él alcanzó las estrellas, no imaginó a cuántos de nosotros nos transportó consigo.

La base de su historia inicia con sus padres, así que me gustaría empezar por felicitarlos por todos los sacrificios que hicieron por José y el resto de la familia. Creo firmemente que fue su ejemplo lo que inspiró la resolución de José de alcanzar sus sueños y también contribuyó a su amor por la familia, su esposa e hijos.

José es prueba viviente de que no hay barreras que detengan a nadie de establecer y lograr las metas de su vida. Aprendió inglés a los 12 años de edad y, a pesar de ello, obtuvo un título en ingeniería que le condujo a la valiosa investigación que favoreció la detección temprana del cáncer. Más aún, no dejó que el rechazo inicial de la NASA lo apartara de su camino hacia las estrellas, y se convirtió en el primer astronauta en enviar un tweet en español desde el espacio.

José, ¡estamos tan orgullosos de ti! Eres un gran ejemplo, no solo para los latinos, sino para las minorías de todo el mundo que luchan día con día para hacer realidad sus sueños.

Quién hubiera pensado que un migrante que ayudaba a sus padres a cosechar la tierra con sus manos desnudas, estaría sembrando su propio legado y un día daría la mano al presidente de Estados Unidos tras haber sido homenajeado por sus logros y contribuciones a ese gran país. José eres una verdadera representación del sueño americano.

Me siento honrado no solo de llamarte a ti, José Hernández, el astronauta, sino un amigo mexicano-americano.

¡Felicidades por un viaje asombroso y un libro increíble!

Emilio Estefan Jr.
Músico, productor y empresario con 19 premios Grammy

Me enorgullece decir que hace muchos años que conozco a José Hernández y lo considero un buen amigo desde que nos encontramos en un animado concurso de chile con carne patrocinado por el Johnson Space Center. La NASA aún no lo había seleccionado como astronauta, pero yo sabía —y él también— que solo era cuestión de tiempo. Percibí la confianza en sus ojos y el compromiso en su corazón. Siendo yo mismo un soñador de origen hispano, pude ver algo de mí en él; cualquier migrante que lo conozca verá en José el reflejo de sus propias aspiraciones, y sabrá que este sensato viajero sideral es una prueba de que los sueños se vuelven realidad.

George Washington Carver dijo una vez algo como esto: "La verdadera medida del éxito no es el estadio que el hombre alcanza antes de morir, sino el número de obstáculos que supera a lo largo de su vida". El camino recorrido por José desde ser un niño migrante que trabajaba en los campos y no hablaba inglés, hasta convertirse en un héroe espacial americano hecho y derecho, ha estado lleno de obstáculos y retos formidables. José superó cada uno de ellos, y con su historia brinda esperanza a muchos niños hispanos y de otras minorías durante sus presentaciones personales en escuelas de todo el país, y ahora mediante este libro que escribió con Mónica. Y José no ha terminado; ¡quién sabe cuántos logros maravillosos le esperan en sus años dorados!

El cosechador de estrellas es una historia excepcional que todo mundo puede disfrutar. La narración proporciona un vistazo a la sencilla vida cotidiana de una cultura especial, la de una familia mexicano-americana de trabajadores migrantes, y la mezcla de esa cultura con el sueño americano. Sin duda alentaré a mis hijos y nietos a leer este libro.

Edelmiro Muñiz
Teniente coronel de la fuerza aérea (ret.),
empresario, fundador y propietario de MEI Technologies, Inc.

Agradecimientos

José Hernández

A mi México por recibir a su "hijo del pueblo" a pesar de haber estado tan lejos durante tantos años.

Al Gobierno del Estado de Michoacán por su colaboración en la elaboración de esta biografía y por mantenerse tan cerca de mi vida y trayectoria.

Al municipio de La Piedad por preservar sus tradiciones, sus costumbres, sus lugares y, con ello, la magia de su inspiradora atmósfera.

A la población de Ticuítaco, donde está el origen de la semilla que germinó y que no olvida la tierra que la hizo crecer.

A mis padres, Julia y Salvador, por forjarme y por preservar en mi memoria la historia de nuestra familia y de mi México.

A mi querida esposa Adelita, quien siempre ha sido mi fuerza, mi apoyo e inspiración.

A mis hijos, las cinco *estrellitas* que han guiado siempre mi camino: Julio Andrés, Karina Isabel, Vanessa Adelita, Yesenia Marisol y Antonio Miguel.

A mis hermanos Salvador, Lety y Gil, por ser mis compañeros de anécdotas, sonrisas y recuerdos.

A mi cuñado y compadre, Gabriel Corona.

A mis maestros: señora Marlisse Young, doctora Sylvia Bello, señor Salvador Zendejas (q.e.p.d), señor Andrés Rodríguez (q.e.p.d), y señor David Ellis por ayudarme a construir mi camino.

A mis mentores en Lawrence Livermore National Laboratory: señor Clint Logan y señora Shirley McDavid por guiar mi carrera en los tiempos en que lo necesitaba.

A los miembros de la Fundación "Reaching for the Stars", en Estados Unidos, y la Fundación "Cosechando Estrellas", en México, por ayudarme a continuar inspirando y motivando a las siguientes generaciones.

A Mónica Rojas, por ayudarme a poner en orden todas mis memorias y plasmar la historia de mi vida.

Y a todos mis amigos, profesores y colegas a quienes recuerdo en este libro.

Mónica Rojas

Para Amélie, el ángel que me prestó sus alitas para poder volar.

A José Hernández, mi amigo, mi maestro, mi pauta.

A mis padres y mi familia por haber creído y seguir creyendo...

Prólogo

El niño que llegó a las estrellas

A CADA NIÑO LE CUENTAN QUE EN LAS ESTRELLAS hay algo distinto. A algunos les dicen que las tres enfiladitas son Reyes Magos, que ciertas alineadas son una Señora Osa con su bebé, hay quien cuenta historias de navíos y otros de marcianos, Manuel Benítez Carrasco escribió que en realidad se trataba de su perro cojo que, al morir, consiguió una muleta que "cuando anda, va haciendo agujeritos de plata".

A principios de septiembre de 2009 no tuve que inventar nada cuando mostré a mis hijos "esa estrellota, brillante que se mueve": les platiqué que en ella iba un hombre excepcional que me tenía admirado, que era una estrella hecha por hombres y mujeres, que se llamaba Estación Espacial Internacional. Esa noche mi hijo se vistió de astronauta.

José Hernández es capaz de encargarse de la seguridad de la misión y de las computadoras abordo como ingeniero de vuelo de un trasbordador espacial y, horas después, ilustrar con unos simpáticos pasos de baile frente a una cámara las peculiaridades de un ambiente sin gravedad...

Puede romper las barreras humanas, penetrar la atmósfera, asomarse al universo por sus propios méritos, y al mismo tiempo reafirmar su fe en que existe un plan divino, que todo ese infinito no es una casualidad y que Dios está ahí mismo...

Puede moverse entre fórmulas matemáticas con la soltura que le han dado casi tres décadas de estudio, indispensables para ese puñado de hombres y mujeres que desde hace medio siglo han representado a todos los seres humanos en la aventura de la exploración espacial, sin olvidarse del niño que comenzó a soñar con viajar a las estrellas entre sus jornadas de arduo trabajo en el campo californiano y los días de primaria, cuando se regalaba el mayor placer de la semana: ver en la televisión en blanco y negro la serie *Star Trek*, aunque tuviera que fungir como el encargado familiar de la delicada misión técnica de sostener las antenas "de conejo", para que sus hermanos mayores no perdieran detalle de aquellas hazañas de la pantalla.

A José la NASA no le permitió poner la bandera mexicana en el pecho de su uniforme. No hacía falta: la llevaba en el bigote y la tez morena. Lo exhortaron a comer alimentos deshidratados y él se llevó tortillas al *Discovery* para convidar a toda la tripulación. Lo obligan como científico a no creer en nada que no pueda probarse, pero José escondió en su traje anaranjado una imagen de la Virgen de Guadalupe. En lugar de la clásica serenata para despertar astronautas —*Here comes the sun*, de Los Beatles—, él escogió *Mi tierra*, de Gloria Estefan, y *El hijo del pueblo*, de José Alfredo Jiménez, porque le recuerda sus orígenes. Vio cada 90 minutos la puesta de sol en primera fila y se acordó que eso mismo dura un partido de la selección tricolor de fútbol.

Habiendo nacido en Estados Unidos, José Hernández no olvida sus raíces mexicanas y transita por el más inteligente de los mundos: abraza lo mejor de cada nación y forma una patria propia que no desdeña lo más avanzado de la potencia tecnológica, ni lo más profundo de la potencia cultural.

He tenido la fortuna de entrevistarlo en varias ocasiones, pero sin duda el intercambio más emocionante se produjo la tarde del 2 de septiembre de 2009:

Un servidor, en el estudio de Primero Noticias de Televisa esperaba el momento de un enlace, la primera vez que una televisora de América Latina realizaba una entrevista hasta la Estación Espacial Internacional. Estaba nervioso. No era una plática cualquiera. Tendría solo cuatro minutos y medio para hacer preguntas. Pero José, quien era verdaderamente el que estaba haciendo historia, comenzó a mover el cable de su micrófono como charro de Jalisco (definiría él más tarde), y adiós a la tensión.

Luego agarró una hoja de papel y con el gesto de un niño travieso la hizo girar para que quedara flotando en el espacio. Contó cómo al orbitar nuestro planeta buscaba Michoacán, el lugar de sus raíces, cómo de noche la Ciudad de México se identificaba fácilmente, iluminada toda ella, y cómo de día observaba con envidia las aguas de Cancún que le parecían, incluso desde allá, "bien riquísimas".

Al dejarme hablarle como amigo a tanta distancia, José me invitó un ratito al futuro que está trabajando para construir. Dicen que cuando un hombre logra algo excepcional, todos los hombres lo logran. Cuando un hombre conquista el espacio, lo conquistamos todos. Cuando un mexicano se acerca a las estrellas, todos los mexicanos nos acercamos.

El 20 de julio de 1969, cuando Neil Armstrong pronunciaba aquellas palabras que quedarían para la historia tras la caminata lunar —"Es un pequeño paso para el hombre, pero un gran salto para la humanidad"—, José Hernández Moreno, que aún no cumplía siete años, observó asombrado el suceso por televisión y esa misma noche supo que el sueño de su vida era convertirse en astronauta.

Quizás otro niño ha seguido con la misma emoción la travesía de José a bordo del *Discovery* y ya sueña grandes cosas. Quizás alcanzará en el futuro metas que hoy no somos capaces ni siquiera de sospechar.

Este libro puede servir como testimonio de alguien que soñó de niño y que no se ha permitido dejar de soñar. De alguien que supo que para mantener vivo ese sueño había que esforzarse, estudiar, prepararse y perseverar, perseverar mucho; que 11 rechazos a su solicitud de ingreso a la NASA no debían significar que todo había terminado.

Con la misma suavidad con que, como ingeniero de vuelo, condujo el *Discovery* por el espacio, José nos lleva en su texto por la historia de una familia michoacana que tuvo que buscar el futuro fuera de Ticuítaco, Michoacán, y que entendió que en California o en México había que sembrar en sus hijos el trabajo y el estudio para poder cosechar estrellas.

Nos relata, con una sencillez que conquista, las enseñanzas de su padre, don Salvador, sus peripecias en el camino a Fresno, California, su regreso para casarse con doña Julia Moreno, la forma como los hijos de aquel matrimonio vivieron la emoción de ir por primera vez a la escuela, la extrañeza de que los llamaran con desprecio "come tacos", las burlas mientras aprendían inglés, la combinación extenuante de estudios con la pizca de pepino, fresa y durazno, la timidez con que conquistó a Adelita, a quien podría cantarle que "si se fuera con otro, la seguiría por tierra y por mar", por aire y en cohete, y sería una promesa creíble.

Ésta es una historia que comienza en los surcos de una ranchería en el municipio de La Piedad, recorre California, Washington, D.C. y Houston, continúa con un paseo por el espacio y aún no termina.

Es, sí, el relato de una cosecha de estrellas.

CARLOS LORET DE MOLA A.

De izquierda a derecha, Carlos Loret de Mola, Mónica Rojas Rubín, mi coautora, y yo (José Hernández Moreno).

Introducción

LAS ESTRELLAS SON COMO LAS PERSONAS: cada una es diferente a otra a pesar de que, a distancia, pareciera que son iguales.

Todos tenemos una historia que contar, sin embargo, la mía resulta peculiar porque nos hace creer en los sueños, pero en los que son logrados con años de persistencia, lucha y preparación, esos que dejan atrás la magia y los triunfos inesperados que siempre resultan efímeros.

El cosechador de estrellas cuenta la historia de un niño que creció como un agricultor migrante en los campos rurales de California, y quien se atrevió a soñar con volverse un día astronauta.

Los obstáculos que enfrenté fueron innumerables. Para comenzar, ¿cómo costearía una educación universitaria si mis padres ganaban apenas lo suficiente para criar a cuatro hijos y pagar la renta? ¿Y cómo asistiría a la universidad cuando a los 12 años apenas comenzaba a aprender inglés? Escapar del vecindario no sería fácil: todos los días despertábamos con la noticia de un robo, una pelea de pandillas y, a veces, hasta con la de un asesinato. En este libro también describo los incontables viajes con mi familia cuando se preparaban para seguir la cosecha en búsqueda de trabajo. Pero yo cambiaría el curso de mi vida al querer alcanzar las estrellas. Al mirar al cielo, mi curiosidad por el universo crecía con el paso de los años. Mis padres no hablaban inglés y no tenían una gran instrucción formal, pero comprendían la importancia de tener una educación. No podría decir cuál hubiera sido mi futuro si mis padres no hubieran hecho de la educación la principal prioridad.

En *El cosechador de estrellas* comparto algunos de los momentos más personales de mi vida: los días en que vendía cajas de chocolates, el día que conocí a mi esposa Adelita, y hasta el día en que recibí el traje de vuelo azul. También revelo cómo no me rendí tras haber sido rechazado 11 veces por la NASA. El capítulo

"El que persevera, alcanza" explica quién me inspiró y cómo fui capaz de ponerme en pie cada vez.

En 2009, me convertiría en el primer astronauta en mandar un *tweet* en español desde la Estación Espacial Internacional. En mi carrera previa en el Lawrence Livermore National Laboratory, fui parte de un equipo de élite que ayudó a desarrollar tecnología de imágenes digitales para la detección temprana del cáncer de mama. En esencia, abro mi vida personal al mundo. Narro los viajes de Estados Unidos a México, donde perseguía no solo las cosechas, sino también mi sueño. Un sueño que mantuve secreto por muchos años; que oculté incluso a mis padres y maestros.

Hoy recorro muchos estados, incluso en el extranjero, para compartir mi historia personal de perseverancia, alegrías, risas y lágrimas. Me buscan reporteros en Estados Unidos y en otras partes del mundo. Yo también quiero dejar un legado, uno por el cual otros puedan encontrar su propia inspiración…

CAPÍTULO
1

De mi padre

◀ Imagen de La Piedad Michoacán. Al fondo, el Santuario del Señor de la Piedad.

*El hogar está en donde amamos; podemos
alejarnos de casa, pero no de nuestros corazones...*

Oliver Wendell Holmes (1809-1894),
poeta y humorista estadounidense.

UNA HISTORIA HA DE EMPEZAR POR EL PRINCIPIO, y la de Salvador, mi padre, está escrita en los surcos del campo michoacano. Tenía apenas siete años cuando comenzó a trabajar arando la tierra de Ticuítaco. Campesino como muchos en su tierra, él y José, mi abuelo (en honor de quien llevo ese nombre), se ganaban la vida sembrando y cosechando. Vivían entre casas de adobe, animales de carga y árboles; bajo un cielo claro, transparente, como no se puede ver en ningún otro lugar del mundo.

Ticuítaco es una pequeña ranchería perteneciente al municipio de La Piedad, donde la calma de los días y las noches puede ser bendición o maldición para sus habitantes, que según su estado de ánimo son capaces de dar gracias a Dios por la tranquilidad que se respira, o bien, blasfemar en su contra por vivir rodeados de tanta quietud. En ese mundo se crió mi papá, que desde muy chico tuvo la necesidad de subsistir trabajando la tierra. Ahí comenzó todo. Como semilla que germina, la vida de los míos tiene su raíz en la tierra mexicana.

Corría el año 1944. Las cosas no eran sencillas para los campesinos, a tal grado que las mujeres y los niños también tenían la obligación de ganar su sustento, ya que no bastaba con lo que aportaba el hombre, considerado el sostén de familia. Papá, chiquillo como lo era en ese entonces, comprendía esa situación y trabajaba desde muy temprano para ayudar a sus padres y a sus 11 hermanos.

◄ Mi padre, Salvador, en la plaza de La Piedad, Michoacán, con su Ford Fair Lane 500 1957. Tomada en 1961.

Un día típico para mi padre, sin excepciones, comenzaba a las cuatro de la mañana; empezaba alimentando a los animales en el establo de mi abuelo, conocido como corral. El trabajo consistía en lavar los chiqueros de los cerdos, rellenar sus bebederos y alimentarlos; también en liberar a los pollos y guajolotes y esparcir su ración diaria de semillas para alimentarse. Para terminar, mi padre encorralaba a las vacas, que se unían a una vacada que pastaba en las praderas abiertas justo a las afueras de Ticuítaco.

Los niños en el vecindario tomaban turnos para cuidar de la enorme vacada multifamiliar. Al terminar estas tareas iniciales, y asumiendo que aún no era su turno para cuidar de las vacas de la comunidad, mi padre alcanzaba a mi abuelo en la cocina donde Cleotilde, mi abuela, preparaba el desayuno y el almuerzo para mi abuelo y los niños más grandes. El desayuno era muy simple: un chocolate caliente con dos o tres tortillas de maíz recién salidas del comal, frijoles y una buena ración de chile preparado directamente en molcajete (ese tazón tradicional con tres patas moldeado en roca volcánica). Más adelante yo aprendería que estos molcajetes fueron hechos por los indígenas tarascos (como se les llama a los naturales de Michoacán).

Tras terminar el desayuno, mi abuela preparaba el almuerzo para mi abuelo, mi padre y mis tíos; era parte de la rutina diaria. Consistía en una porción cuantiosa de lo que había sobrado del desayuno y, por lo general, un trozo de carne. Mi abuela metía todo en una pequeña bolsa tejida de nailon de colores con asas de plástico conocida como "hargana". Después, mi padre y sus hermanos mayores seguían a mi abuelo a los campos donde la labranza y la cosecha los esperaban… día tras día.

A pesar de trabajar en el campo de sol a sombra sin tener mucho tiempo para dedicarlo a la escuela, el deseo de mi padre de aprender a leer y escribir era fuerte. Esto lo llevó a inscribirse en las clases vespertinas de la escuela, que se daban cerca de la casa donde vivía y trabajaba. Amaba tanto la escuela que nunca faltó a clases. Sin embargo, a medida que fue creciendo, también crecían las responsabilidades en casa; al final, esto lo llevó a dejar los estudios después del tercer grado. Esta historia es común para la mayoría de los niños de Ticuítaco, incluyendo a mi madre.

Desde una edad muy temprana, mi padre tuvo muchos sueños y metas, e hizo todo lo posible por hacerlos realidad. Mis hermanos y yo crecimos aprendiendo de los múltiples retos que mi padre enfrentó de niño y sus anécdotas nos enseñaron lecciones sobre cómo superar las adversidades. Recuerdo esas historias con cariño.

En aquel entonces, eran muchas sus inquietudes y mucho lo que hacía por satisfacerlas. Cuando me habla de sus vivencias de antaño, siempre hace remembranza de una anécdota que marcó su infancia, con la que me ejemplificaba la importancia del deseo de superación...

A sus 10 años era cobrador en un camión de transporte con el gracioso nombre de "El muchacho alegre". Su dueño, Severiano Arroyo, veía en él una gran ambición por salir adelante; era un luchador innato.

—Don Severiano, enséñeme a manejar el camión.

—Pero si apenas alcanzas los pedales, muchacho.

—Ándele, me he fijado bien y no se ve tan difícil, enséñeme.

Todos los días hacía la misma petición. Insistía e insistía, y tal fue su interés, que don Severiano finalmente accedió y en unos cuantos días le enseñó a conducir; apenas pisaba los pedales con la punta de sus pies, pero ya era capaz de guiar "El muchacho alegre" por las accidentadas calles y callejones de La Piedad.

Así, en ese entorno de precariedad pasó el tiempo, en el que no veía oportunidad alguna para salir adelante y alejarse aunque fuera un poquito de la pobreza y desesperanza que matizaba su vida en La Piedad, hasta que, a sus escasos 15 años tomó una decisión que cambiaría el resto de su existencia y la de una familia que aún no conformaba.

—Papá, me voy para Estados Unidos, ya lo decidí —dijo de golpe mientras veía a su padre alimentar a los cerdos de la granja.

—¿Y 'ora, pos qué le falta aquí? —le respondió mi abuelo con un tono hosco de voz.

—No, pues si de comer tenemos pa' todos los días, pero necesitamos más dinero, el campo ya no da lo que antes y hay muy poco trabajo por aquí.

—¿Pero entonces qué?, ¿ya no piensas regresar?

—Pues voy a probar suerte. Ya platiqué con Eliseo y dice que se va conmigo. Nos vamos para California.

El abuelo se quedó inmóvil por un momento. Ya eran tres los hijos que se iban a probar suerte —como él decía—, y sabía que no era fácil, pero también conocía la determinación de Salvador, una determinación que a veces rayaba en la terquedad.

—Supongo que no hay nada que pueda hacer o decir para convencerte de quedarte si ya te decidiste. ¡Ay muchacho!, tienes mi bendición para ir, y si las cosas no salen como planeas, sabes que siempre puedes regresar a casa. Te voy a dar algo de dinero pa' que te mantengas hasta que encuentres trabajo.

Mi abuelo no sabía qué más decir.

Con 300 pesos él y su amigo comenzaron la travesía. Eliseo era un joven de la misma edad que mi papá, tenía los rasgos propios de los indígenas tarascos y una complexión fuerte que lo hacía destacar entre los hombres de su tierra. Toda la vida habían sido amigos, y sus familias lo eran desde hacía décadas, lo que fortalecía aún más el lazo que los unía.

Ya era 1952 y en México estaba de moda hablar de progreso, pero según los relatos de la gente anciana, en Michoacán eran pocos los caminos que podían ser recorridos por un camión. Apenas unas cuantas calles habían sido reparadas con tezontle (una tierra con textura arenosa y color rojizo en que los burros dejaban marcadas sus huellas en medio de una nube de polvo).

Y así, en busca de ese progreso, entre la terracería, la sed, el hambre y en ocasiones el miedo a lo incierto, al fin llegaron a la frontera después de un mes que les pareció un siglo. De los 300 pesos solo les quedaban unos centavos que no les alcanzaban ni para un plato de frijoles, según los relatos de papá.

—Chava —como se les dice de cariño a quienes se llaman Salvador—, mejor nos regresamos, ve nomás qué flacos estamos.

—Pero si ya nos falta poco, en unos días vamos a llegar.

—Pues sí, pero yo ya me siento muy débil.

—Vamos a descansar tantito y le seguimos, ¿está bien?, hasta donde aguantes.

Cuenta mi padre que ambos estaban sentados en la banqueta frente a una tienda en Mexicali, justo en la frontera. Él también estaba agotado, pero tenía que demostrar fortaleza y animar a su acompañante, que tenía los pies llagados por el suelo caliente que pisaban sus gastados huaraches de cuero, y la boca seca por la poca agua que tocaba sus labios; el hambre ya era un estado familiar para ambos durante esos días.

—No pude evitar escucharlos muchachos, se van para el Norte —les dijo un hombre que se encontraba a la puerta de la tienda. Se levantaron abruptamente y Eliseo respondió:

—Sí, señor.

—¿Y puedo preguntarles a qué parte van?

En realidad no tenían idea de qué responder. Sabían que un primo de papá vivía cerca de Fresno, California, y esperaban poder llegar con él, pero eran escasas y ambiguas las señas que tenían del rancho en el que se encontraba.

—Pues la verdad no sabemos bien, pero ya veremos cuando pasemos al otro lado.

—Aye, muchachos. Me lo imaginé. Están muy chiquillos para andar por aquí solos y sin dinero. Me llamo Juan Mora, soy de Michoacán y trabajo en los campos de Fresno.

—Mucho gusto, señor, nosotros también somos de Michoacán —intervino mi papá, quien estrechó la mano que le dio la fuerza que necesitaba para seguir con su trayecto.

—Vengan, los voy a llevar a comer y luego vemos cómo le hacemos para que encuentren trabajo en el otro lado.

La vida del migrante no era sencilla, más cuando éste era ilegal, lo sabían mi padre y Eliseo, pero se trataba de una alternativa que se traducía en prosperidad, una prosperidad que con dificultad lograrían alcanzar en el pequeño rancho del que eran originarios. Pensar en eso era lo que los mantenía con la mirada fija en una meta que no los dejaba voltear hacia ningún otro lado.

Juan Mora ayudó a completar el viaje de Salvador y Eliseo a su destino, que era un pequeño rancho ubicado en las afueras de Fresno, California. Por suerte, ambos encontraron trabajo rápido como agricultores temporales; y lo más importante, les pagaban en dólares americanos. La mayoría de los trabajadores en los campos aledaños eran compatriotas mexicanos que recolectaban frutas y vegetales desde el amanecer hasta el atardecer. Ninguno de los dos ganaba mucho, pero en comparación de lo que conseguían en México, era mucho más de lo que habían imaginado alguna vez.

Fueron muchas las tierras del valle de San Joaquín en California que fueron labradas por sus manos recias y curtidas con callos. Durante dos años y medio soportó largas horas bajo el sol, ahorró y decidió que ya era hora de volver a su tierra para resolver algunos asuntos pendientes. Julia era el nombre del más importante. Se trataba de una jovencita de 14 años que nació y creció en la ranchería de Ticuítaco, igual que él. Tenía los ojos de color café, tez blanca y poseía una belleza sencilla decorada con una sonrisa eterna… Años más tarde, esa muchachita se convertiría en mi madre.

Mi madre, siendo muy joven.

Como en aquel entonces era prácticamente una niña, mis abuelos no le permitían tener novio, ya que las normas sociales eran muy distintas a las de ahora, sobre todo tratándose de pequeñas poblaciones como La Piedad. Julia siempre estaba acompañada de alguno de mis tíos, por lo que resultaba bastante complicado encontrar un minuto para intercambiar miradas con mi padre. Pero cuando de amor se trata, bien dicen que todo es posible, y ellos lo demostraron.

Se conocieron en la plaza, frente a la parroquia principal, en el pequeño zócalo que tiene un kiosco al centro. Era una tradición dominical de muchas décadas atrás que las jóvenes solteras, ataviadas con sus mejores vestidos, caminaran en grupo alrededor del kiosco en el sentido en que se mueven las manecillas reloj; en tanto los muchachos casaderos del pueblo y de las rancherías aledañas lo hacían en sentido contrario. De esa forma podían intercambiar miradas. Luego, los jóvenes entregaban a la "elegida" una rosa, y si ella la aceptaba, comenzaban el noviazgo… Así ocurrió con mis padres.

Pero mis abuelos, Trinidad y Rosario Moreno —"Trini" y "Chayito", como les decíamos de cariño— eran muy estrictos. A mamá la mantenían vigilada la mayor parte del día y solo en ocasiones en verdad excepcionales le permitían ir al centro del pueblo con sus amigas, puesto que ya sabían de la existencia de un tal Salvador, hijo de una familia campesina muy conocida en Ticuítaco por su amabilidad y decencia, que no la veía con malos ojos.

A pesar de los obstáculos y de que en algunas ocasiones el abuelo Trini ahuyentó a mi padre a punta de escopetazos, decidieron amarse y se dieron a la complicada tarea de aprovechar los pocos instantes que les daba la soledad para demostrarse su cariño con miradas, con el roce esporádico de sus manos y con cartas que se hacían llegar de manera clandestina, en las que no faltaba al calce un inocente "te quiero".

Como todo trabajador temporal, mi padre iba y venía, así que de vuelta en su tierra luego de pasar una larga temporada en el norte, él sabía que ya no era el mismo, estaba forjándose un futuro y tenía algo que ofrecer a Julia. Con esa convicción y arriesgándose a que mi abuelo lo corriera de su casa a balazos, decidió que era momento de hablar con él; quería a mi madre y no iba a permitirse vivir sin ella. El temor y el respeto que sentía hacia el padre de su enamorada lo llevaron hasta la puerta de la humilde vivienda de Julia acompañado por el sacerdote de la parroquia principal de La Piedad, quien como "Celestina" los ayudó a cumplir su anhelado cometido.

— Don Trinidad, vengo acompañando a este muchacho que con buenas intenciones quiere a su hija —se apresuró el cura a decirle a mi abuelo cuando éste apenas abría la puerta.

— ¡Pero si no entiende! Julia está muy chamaca para casarse con éste —dijo señalando iracundo a papá.

— Mire, Trinidad, los muchachos se quieren y él ha sido muy respetuoso. La quiere bien y ella, aunque es cierto que es muy joven, está enamorada. No decida algo que los pueda hacer desdichados. Piénselo bien, porque él así como usted, trabaja en el Norte, en los campos, y ahí se forman los buenos hombres. Usted sabe de eso.

Una sutil mueca se asomó por los labios del abuelo Trinidad, apenas dejó entrever lo que parecía una sonrisa de resignación. Aunque no estaba muy convencido, les permitió entrar a su casa durante 20 minutos. Mi padre comenta que fue poco lo que pudo decir, puesto que la simple presencia de su suegro le imponía de tal forma que olvidaba todos los argumentos que, durante meses, preparó para persuadirlo.

—¿Por qué vino con el muchacho, señor cura? —preguntó mi abuelo con el ceño fruncido.

—Porque lo conozco desde hace mucho y a su familia también. Además no queríamos correr riesgos, sabemos que lo ha hecho correr a punta de pistola y más vale que evitemos desgracias, Trinidad.

—Lo hago por mi hija. Quiero lo mejor para ella, soy su padre y no me gusta que ande de novia.

—Lo entiendo, pero piénselo, en estos tiempos encontrar un yerno como Salvador es difícil. La juventud no es la de antes.

—¿Y tú?, ¿qué tienes que decir? —miró a papá con recelo.

Aún con la mente en blanco, se levantó de la silla, se acercó a mi abuelo, lo miró a los ojos y solo atinó a decirle:

—Amo a su hija más que a nada en este mundo y voy a hacer lo que usted me diga para que vea que puedo ser digno de que me acepte en su familia.

El ceño del abuelo ya no estaba fruncido. Pudo ver la honestidad en la mirada de mi padre. Dirigió la suya al sacerdote y vio que aquél sonreía. Entonces aceptó la decisión y les dio su permiso y, como antes era costumbre, su "bendición", para que siguieran con el noviazgo siempre bajo la supervisión de la familia. Tras la formalización, siguió entre mis padres una larga conversación que giró en torno al futuro. En el zaguán de la casa se tomaron sutilmente de la mano. Ya era casi de noche. Tenían poco tiempo para planear:

—Julia, me voy de nuevo a Estados Unidos, para trabajar y tener con qué casarnos. Tu padre me ha concedido tu mano.

—¿Pero cuánto tiempo vas a andar por allá, Salvador?, ¿en cuánto tiempo piensas regresar?

—Pues eso si quién sabe, espero que sea poco, nomás ahorro; además ya estamos comprometidos.

—Sí, pero qué tal que conoces a alguien más por allá. ¿A poco te voy a estar esperando?

—Entonces, ¿cómo le hacemos?

—Salvador… tienes ocho meses para regresar por mí, si no vienes, se rompe el compromiso —dijo tajante mi madre y cerró la puerta.

Bajo esa promesa mi padre volvió a trabajar con más esmero al campo estadounidense. Contaba los días que lo acercaban a la fecha en que volvería a su tierra para contraer matrimonio.

Las memorias de mi padre guardan vestigios de una época que si bien fue difícil, tuvo un encanto peculiar.

De niño, él me entretenía con sus historias. Me contaba que en aquel entonces casi nadie podía comprar un televisor, de modo que las personas acostumbraban ver las imágenes en movimiento transmitidas por los monitores en blanco y negro que se encontraban a la vista de todos en los aparadores de las tiendas. También recuerda uno de los espectáculos más esperados en Estados Unidos: el Desfile de Las Rosas, que se convirtió en una tradición desde que se efectuó por primera vez en 1890, en las calles de Pasadena, California, 13 kilómetros al norte de Los Ángeles. Carros alegóricos hechos de coloridas flores naturales que representaban escenas de las películas, animales, caricaturas y personajes de moda, cautivaban a los espectadores del desfile por su majestuosidad. Mi padre, que no contaba con suficientes recursos económicos para destinarlos a su entretenimiento, me decía que esperaba con ansia el primer día de enero para disfrutar del espectáculo que a la fecha describe como "el más bello que he visto en mi vida".

Pasaron los ocho meses y llegó el momento de volver a Ticuítaco. Julia mantenía su promesa de esperarlo. Su amor jovial e inocente permanecía intacto a pesar de la distancia y el tiempo, así que por fin contrajeron nupcias en medio de un ambiente cálido, familiar y humilde.

Son pocas las imágenes que hay de aquella boda. Todas están roídas por los años que han pasado y por los que se han quedado en ellas. De mi abuelo Trinidad no tengo más que esas fotografías; ni un abrazo, ni un beso pude guardar en mi mente. Él murió cuando yo apenas tenía dos años; solo la tuberculosis pudo arrancar sus raíces de Ticuítaco. Contrajo la enfermedad en uno de esos constantes viajes a la parte norte de México, cerca de Ensenada, donde se contagió por la cercana convivencia con sus compañeros de trabajo que dormían amontonados junto a él en pequeñas casas de zacate. "La vida del campesino es dura —le decía a mi madre y a sus otros hijos—. Y es más dura cuando lo que más amas es tu tierra y tienes que dejarla para buscar una vida mejor."

Mi hermano mayor, Salvador (Chavita, diminutivo del apócope Chava, para diferenciarlo de papá), sí lo recuerda; el primogénito fue un verdadero regalo para la joven pareja y para los familiares que la rodeaban; dos años después nació Leticia (Lety) y cuando se consumó el embarazo de mi tercer hermano, Gilberto (Gil), mis padres decidieron arreglar sus papeles para emigrar a Estados Unidos de manera legal y definitiva.

———————

El 7 de agosto de 1962 nací en un hospital de French Camp, California, mientras mi familia vivía en Stockton. Ahí comienza la historia de mi vida, rodeado de amor familiar pero también de muchas dificultades, las comunes en una familia de migrantes. Yo era muy pequeño, y mi memoria comienza a los cinco años, justo en el momento en que entré al colegio…

———————

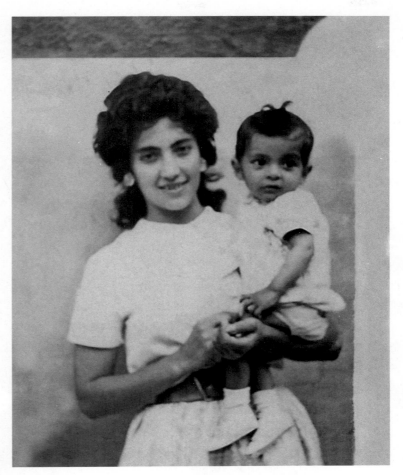

A los 11 meses de edad con mi madre, Julia, de 22 años.
Tomada en 1963.

CAPÍTULO

2

La semilla germina

◀ Con mis hermanos Gil (derecha) y Leticia (centro) después de un arduo día trabajando con el azadón en los campos de tomates "Evo del Carlo", cerca de Tracy, California.

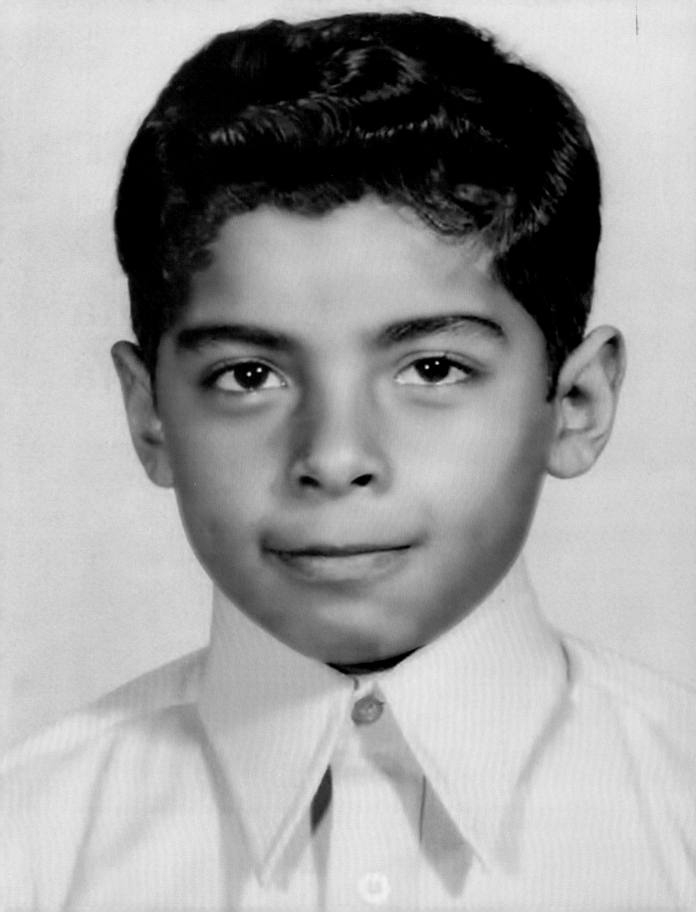

Si la semilla se siembra con fe y se cuida con perseverancia,
solo será cuestión de tiempo recoger sus frutos.

Thomas Carlyle (1795-1881),
historiador, pensador y ensayista inglés.

HAN PASADO MUCHOS AÑOS DESDE QUE FUI por primera vez a la escuela. Fue hace bastante tiempo, pero esos primeros días se mantienen frescos en mi memoria, como si se tratara de un lienzo recién pintado por un artista meticuloso que preserva para sí mismo cada uno de los detalles de su obra. Recuerdo que no entendía la importancia de ir a la escuela. Me parecía extraño tener que levantarme temprano todos los días para tomar el autobús amarillo que me llevaba por las mañanas con un grupo de niños que hablaban entre sí en inglés.

Mi primer recuerdo abordando este autobús fue cuando vivíamos en el campo cerca de la ciudad de Modesto. La escuela parecía enorme y estaba llena de estudiantes que se veían mucho más grandes en edad y tamaño. Los salones se hallaban decorados y llenos de filas de brillantes pupitres nuevos con compartimentos integrados que nos permitían guardar nuestros lápices, crayones y hojas. Me asignaron mi propio pupitre brillante; me quedaba viendo al pizarrón negro tratando de descubrir el significado de lo que tenía escrito y dibujado con gises de colores. Nunca me atreví a levantar la mano para hacer preguntas, mucho menos para contestarlas. Nunca participé tampoco en ninguna de las actividades del jardín de niños como cantar, contar historias o jugar juegos de mesa. Eso no sorprendió en absoluto a mi maestra. No estaba segura de que entendía todo lo que me enseñaban, menos aún lo que me decían. Básicamente, me quedaba callado para ser invisible ante los demás.

Aunque no hablaba nada de inglés, eso no me impidió pasarlo bien durante mi hora de lunch y recreo.

◄ De mi época escolar, cuando tenía ocho años de edad.

Era solo un niño que se divertía cuando tenía la oportunidad de hacerlo. ¡Como a la hora de practicar un deporte! Era muy feliz cuando nos tocaba jugar fútbol soccer, porque ahí no tenía que dominar el inglés, solo el balón. Era buen jugador de fútbol, o al menos eso era lo que mis compañeros de clase me hacían pensar. Cuando el capitán de cada equipo comenzaba a escoger a sus jugadores, siempre cada uno quería ser el primero en seleccionarme. Fue en esos momentos cuando por primera vez tuve una sensación de pertenencia en la escuela y me daban la motivación para levantarme cada mañana y subirme al "camión amarillo".

Descartando los lapsos de receso, todos los días eran lo mismo: palabras que me resultaban extrañas, niños de piel y ojos claros que miraban con inquietud y morbo mi tez morena. Sabía a la perfección que mi apariencia era diferente, a pesar de que cada vez que los cuestionamientos llegaban a mi mente, mi padre me repetía una y otra vez que todos en este planeta éramos iguales. ¡Y punto!

Pero recuerdo un incidente particular que me hizo sentir lo contrario. El instante en que un niño me dijo "come tacos" al ver mi lunch. La mirada del pequeño James sigue viva en mi memoria, su ceño fruncido y su mandíbula apretada. Pero en ese instante no comprendí nada y seguí comiendo mientras pensaba: "¿Come tacos? ¿Está mal comer tacos? Bueno, ellos comen sándwiches pero seguro que el lunch que me preparó mi mamá está mucho más rico", me dije.

Tratando de olvidar la reacción de James, seguí con mi vida sin dar mayor importancia a sus expresiones o comentarios. Siempre estaba feliz de llegar a casa cada día después de la escuela. Cuando mis hermanos y yo entrábamos a nuestra casa, yo gritaba, "¡Mamá, ya llegamos!".

"Muy bien, lávense las manos. La cena está casi lista y papá pronto estará en casa", contestaba mi madre. Chavita, Leticia y Gil llegaban a casa justo detrás de mí, como si se tratara de una fila militar.

Chavita era el mayor de la familia, el niño responsable, el protector de sus tres hermanos menores. La única niña siempre estaba feliz y llena de vivacidad. A sus ocho años, Lety era quien ayudaba a mi madre con la responsabilidad de procurar el bienestar de los "hombres de la casa". Gil, de seis años, era el más alegre, un verdadero torbellino. Yo era como todo niño cuando tiene cinco años, siempre explorando, siempre con la mente llena de preguntas. La única diferencia es que yo era conocido, por alguna razón, como el bromista. Lo que más me gustaba era jugar fútbol y pasar las tardes viendo la televisión con mis padres, pero además tenía otra pasión de la que no hablé por algún tiempo.

A pesar de mi naturaleza inquisitiva, seguí concentrado en las actividades diarias en la escuela y en casa. Cada día, mientras mi mamá preparaba la cena y las tortillas de harina recién hechas, mis hermanos y yo nos sentábamos alrededor de la mesa del comedor con nuestros libros abiertos, mientras al mismo tiempo respirábamos el agradable olor de la cena. Nos apurábamos para terminar la tarea porque, si la acabábamos pronto, podíamos ir a jugar o a ver televisión, esa era nuestra motivación.

Tarea:
Problema 1
2 + 2 = 4
Problema 2
Si aquí hay dos manzanas y este niño se come una, entonces queda una.
¡A esto sí le entiendo!, me decía cada vez que tenía que hacer la tarea de matemáticas. Pero en mi rostro se reflejaba un gesto de hastío cuando llegaba a la tarea de inglés.

I am
You are...

—¿Por qué esa cara larga? —me preguntó mi padre, mientras me veía con curiosidad.
—No entiendo nada, esto de la escuela es bien difícil.
—Pero ya te dije, tienes que ir. Si vivimos en Estados Unidos, tienes que aprender inglés. No hay otra opción.
—Pero si ya en un mes nos vamos para Michoacán. Ándale papá, mañana déjame faltar a la escuela, ya va a ser viernes.
—No, no, no —dijo mientras me sacudía el cabello cariñosamente —, ándale, apúrate, que tú puedes con eso y más.

Siendo migrantes, la familia iba y venía de Estados Unidos a México según el tiempo de las cosechas en California.

Vivíamos errantes de una casa a otra en el valle de San Joaquín, ubicado en el centro de California, pero la mayor parte de nuestro tiempo lo pasábamos cerca de Stockton, donde trabajábamos en el campo durante la temporada de cosecha de pepinos, fresas, duraznos y toda fruta o verdura que nos pudiera aportar dólares para subsistir durante el año. Nuestra familia viajaba de La Piedad, Michoacán, a California en febrero de cada año y pasábamos la primavera y el verano en Estados Unidos. Después, a la mitad del otoño, por lo general a mediados de noviembre, empacábamos de nuevo todas nuestras pertenencias y hacíamos el largo viaje de dos días y medio de regreso a México para pasar el resto del otoño y todo el invierno con nuestra familia política en La Piedad. Al año siguiente, cuando llegaba febrero, el ciclo se repetía, haciendo las mismas paradas y rentando casi siempre las mismas casas en California… de nuevo, nos movíamos de ciudad en ciudad. Nuestras rutas ya estaban tan bien establecidas que en general regresábamos a trabajar con el mismo contratista, trabajábamos para los mismos agricultores y en los mismos campos, año tras año.

La Piedad, Michoacán, y sus alrededores siempre han sido conocidos por su flujo de trabajadores migrantes que llegan a Estados Unidos. La mayoría trabaja en los campos de California, después regresan a sus ciudades de origen y compran una parcela de tierra para construir una casa para sus familias. La construcción de estas casas suele tomar años para completarse, ya que las familias ponen sus ganancias anuales en ello. Todavía recuerdo la parcela de tierra que compró mi papá y los muchos años que nos tomó completar la construcción de nuestra casa. Durante nuestra estancia en México cada año, mi papá contrataba a uno o dos albañiles habilidosos, conocidos como "maestros", mientras que nosotros los niños, conocidos en la industria de la construcción como "peones", mezclábamos el cemento con palas y llevábamos tanto el cemento como los ladrillos al maestro para que hiciera su magia y construyera las paredes de nuestra casa.

Cuando la familia estaba de regreso en Estados Unidos, sin importar la ciudad en que viviéramos, yo seguía asistiendo a la escuela y haciendo mi tarea con la motivación de mi papá y mi mamá. Desde luego, se aseguraban de que en verdad terminara la tarea. Solo fue necesario que me descubrieran una vez mintiéndoles con que la había acabado para darme cuenta de que mis padres tomaban muy en serio que hiciéramos nuestra tarea. ¡Todavía recuerdo los cinturonazos que me dio mi papá por echarle esa mentira! Chavita, Lety y Gil de algún modo siempre se las arreglaban para acabar sus tareas primero y comenzar sus quehaceres. Cada día eran los primeros en reunirse alrededor de nuestra pequeña televisión en blanco y negro. Recuerdo esa televisión vívidamente; era de tipo consola, con la pantalla en medio y bocinas integradas en cada lado, y todo ese aparato de aspecto pesado era sostenido por cuatro patitas delgadas. Los televisores en ese tiempo eran muy voluminosos y parecían más un mueble. Las antenas parabólicas no existían en esa época y desde luego no podíamos costear el cable, por lo que mejoramos nuestra recepción con una antena de "orejas de conejo". Escuchaba a Lety gritar desde la sala, "¡Pepito, apúrate, que ya va a empezar *Star Trek*!". (Pepito es un nombre de cariño para los niños que se llaman José. Ya que son adolescentes, es común que el término cambie a Pepe.)

—¡Pepito! Date prisa que ya va a empezar el programa.

—Ya voy, ya voy.

—¡Pepe, ya empezó, ven!

"Entonces luego termino", pensé, y corrí hacia donde estaba mi hermana, botando lápices y cuadernos a mi paso.

Star Trek (*Viaje a las estrellas*) fue mi programa favorito mientras crecía. Chavita tenía un modelo de juguete de la nave espacial *USS Enterprise*, del programa, el cual era el juguete que más le pedía prestado y con el que jugaba por horas y horas. Me olvidaba del tic tac del reloj y viajaba a una densa concentración de nubes, estrellas y planetas, así como a la inmensidad del cielo azul abierto. Esos pensamientos cautivaban mi mente hasta un punto donde ya no podía dejar de pensar en ellos, incluso cuando ya había dejado de jugar con el modelo de juguete de mi hermano.

—Mira, ya van hacia el planeta Ghorusda en la nave y dicen que la misión está muy difícil porque los habitantes de ese planeta son muy extraños, a ver qué pasa. Pepito, ¿puedes detener la antena?, ya no se está viendo bien otra vez.

Resultaba habitual que, siendo el más pequeño de la casa, cuando ocurría ese incidente —que era con mucha frecuencia—, me designaban como el "encargado" de resolverlo. Mi función era tomar la antena con la mano y permanecer en esa posición mientras los demás veían la televisión.

Por desgracia, cuando lo hacía la calidad de la imagen mejoraba mucho con solo tocar la antena, y mis hermanos desde luego me pedían que me quedara ahí mientras ellos disfrutaban del nuevo episodio de *Star Trek*. Apenas podía atisbar las naves espaciales intergalácticas, los planetas distantes, y por supuesto, las estrellas, desde una postura de contorsionista mientras seguía sosteniendo la antena. Ahora molesto a mis hermanos y les digo que fue ósmosis lo que me programó de alguna forma para convertirme en astronauta, ya que siempre sostuve la antena cuando había un programa con temas espaciales en televisión, y que ellos también pudieron volverse astronautas si solo hubieran ayudado alguna vez a ajustar la antena.

En Stockton, la ciudad donde pasamos nuestro primer año en California, vivíamos en una pequeña casa rentada de tres recámaras. Era una vivienda de madera y tejas típicas de la región, con un pequeño baño y un comedor decorado con escasos muebles viejos. La cocina era chica, pero siempre tenía lo necesario para preparar comida mexicana: tortillas, jitomates, chiles, cebolla y otros ingredientes. La habitación que compartía con Gil y Chava no tenía más que dos camas, una mesa y un ropero. Los muebles en general eran austeros, muchos de ellos "de segunda mano" y el mayor lujo con el que contábamos era la televisión. La calle en que se encontraba la casa reflejaba la humildad de las familias, como la mía. Con excepción de unos cuantos, todos mis vecinos trabajaban ya sea en los campos o en las "canerías", las cuales son las fábricas de enlatados y conservas donde las frutas y vegetales llegan directo de los campos y se procesan; por ejemplo, jitomates que se vuelven cátsup o concentrado de jitomate, o frutas que se enlatan y se vuelven coctel de frutas.

Vivía en un mundo rodeado de limitaciones en su mayoría económicas, pero por fortuna en aquel entonces tenía una afición que no requería de un solo céntimo; jamás hablé de mi *hobby* especial, alimentado por las escenas de *Star Trek*, pero me mantenía ocupado por prolongados espacios de tiempo: mirar el cielo cuando anochecía.

No sabía exactamente por qué me cautivaba tanto el universo, pero había algo en el cielo que me fascinó. Durante las noches podía pasar horas en la ventana viendo las estrellas: "Esas parpadean, esas otras no, las de allá están en grupo, más para allá hay unas que se ven como *amarillitas* y hay otras que se ven como *azulitas*, todas son diferentes", pensaba.

Me sentía muy afortunado cuando tenía la suerte de ver a una estrella fugaz cruzando el cielo de la noche. El suceso era tan asombroso que al día siguiente yo iba por el vecindario buscando el lugar donde pensaba que quizás había caído la estrella.

A veces ignoraba el reloj. ¡Casi media noche! Y así me acostaba en espera de otro día, con la imagen de los astros aún latente en mi pensamiento. Ese descanso debía ser más prolongado durante la noche del viernes, ya que el trabajo nos aguardaba los fines de semana:

—Órale, levántense que ya es sábado y tenemos que ir a la cosecha —daba aviso papá, mientras mamá preparaba los tacos y todo lo necesario para la jornada de trabajo.

La carga de trabajo en los campos era extremadamente pesada, en especial para los niños, pero a mis hermanos y a mí no nos importaba. Lo disfrutábamos porque ganábamos unos cuantos dólares que nos permitían comprar dulces y algunos juguetes, pero la mayoría del dinero iba directo a cubrir los gastos familiares. Mi familia era muy unida y nos apoyábamos uno al otro para asegurarnos de que juntos estuviéramos mejor.

—¡Vámonos que se nos va a hacer tarde, ya van a dar las cinco de la mañana!
—nos llamaba mamá Julia, quien aún era muy chica.

Era mayo, temporada de cosecha de pepinos en Stockton, los surcos del campo estaban mojados y había lodo por todas partes. Los trabajadores ya estábamos listos para comenzar la jornada con nuestros pantalones de mezclilla, camisas de franela a cuadros, paliacates y sombreros de palma. A cada uno le pagaban cincuenta centavos por cada cubeta que llenábamos con pepinos, que depositábamos en largas cajas de madera al final de cada 10 filas más o menos. A medida que crecía, iba aprendiendo las "técnicas" de los otros trabajadores, que consistían en doblar el fondo de la cubeta de metal por dentro para crear menos volumen y así llenar cada cubeta más rápido. También aprendí a rellenar a toda velocidad una cubeta de pepinos para hacer que pareciera que estaba hasta el tope. "Gajes del oficio", me decía. Cada mañana era la misma rutina: ir de un lado a otro, recoger la fruta (o vegetal) del piso mientras los ardientes rayos del sol pegaban en nuestras espaldas.

Durante un sábado en particular, mientras trabajaba, pisé un pepino podrido, echado a perder, y resbalé a un surco. Recuerdo que, molesto, arrojé las herramientas al suelo y me detuve un momento, pensé: "Estoy lleno de lodo, apesto, estoy cansado y requemado por el sol. Mis hermanos siguen trabajando y mis papás también. No quiero hacerlo más, quiero irme a jugar o a ver la televisión". Entonces, decidido a terminar con la incómoda situación, me acerqué a mi padre y jalándole el pantalón para llamar su atención le dije:

—Papá, estoy cansado, ¡ya me quiero ir!

Al escuchar esas palabras, se inclinó hacia mí y con un rostro que denotaba sorpresa me tomó de los hombros.

—Pero si nunca te quejas, ¿'ora que te pasó, te sientes enfermo m'hijo?

—No, pero veme, estoy todo cochino porque me caí en un surco, además solo gano 10 dólares al día —le dije llorando.

—Pero si ya casi terminamos, síguele…

—Pero es que ya no quiero.

—Está bien, mírate, no te gusta cómo te sientes ¿verdad?; bueno, pues si tú te rindes ahora, siempre te conformarás con esto y, si no trabajas duro en la escuela y en la vida, este será tu futuro, ¿eso quieres?

—No, papá, es muy cansado.

—Bueno, pues entonces no te conformes con 10 dólares; el día casi se acaba, vamos a trabajar —me ordenó con amor y la autoridad adecuada.

Lo que mi padre me dijo ese día en los campos cambió la trayectoria de mi vida. Se convirtió en el discurso que coronó el final de un largo día de trabajo en los campos. Lo escuchamos cuando los cuatro hermanos nos sentamos en el asiento trasero de nuestro destartalado coche. Se volteó para mirarnos antes de encender el motor y nos dijo:

"Así que, ¿cómo se sienten ahorita mismo?" Desde luego estábamos cansados, sudados, sucios y contestamos en consecuencia. "Bien", dijo. "Porque ustedes, niños, tienen el privilegio de vivir su futuro ahora." "¿Nuestro futuro ahora?", preguntamos. "Sí, no voy a obligarlos a ir a la escuela o a sacar buenas calificaciones. Pero si no lo hacen, esto es lo que les espera. Así que si quieren dejar de ir a la escuela hoy, a partir de mañana pueden empezar a venir a trabajar conmigo todos los días."

Así es como me di cuenta de algo: "Si estudio, voy a poder hacer lo que quiera y entonces voy a ganar dinero para mí y mis papás, para que ellos tampoco tengan que seguir trabajando en el campo". Nunca he olvidado esta lección y las palabras de mi padre que cambiaron mi vida.

Era noviembre de 1968 y preparábamos todas nuestras cosas para viajar de Stockton a La Piedad. El viaje duraba dos días y medio, por lo que era necesario alistar alimentos, ropa y cobijas. También necesitábamos resolver algunos asuntos pendientes en la escuela. Como volvería en marzo del próximo año a la escuela, para no perder muchas lecciones le pedí a mi maestra que me asignara tarea para los cuatro meses que no podría ir a clases; lo mismo hicieron Chavita, Lety y Gil, como ya era habitual.

—*Miss Johnson, my homework, please. I will go back to Mexico* —le dije con mi muy limitado inglés, pues apenas cursaba el primer año de primaria.

—*Ok, José. Here you go.*

Tomé mis libros, mis libretas y fui a casa...

—¿Ya estamos listos?

—Sí, papá —respondió Gil mientras terminaba de guardar sus libros en la mochila.

—¿Qué más nos hace falta?

—Pues que termine Pepito de arreglar sus cosas.

—¿Dónde anda ese muchacho?

—En la recámara.

Salvador, mi padre, fue a la habitación y me encontró mirando por la ventana.

—¿Todo bien m'hijo?

—Sí papá, estaba viendo esa nube, tiene forma como de...

—Ay, m'hijo —comenzó a reírse—, tú viendo nubes y nosotros esperándote. Ándale apúrate que ya nos vamos para México —dio vuelta y salió de la habitación.

"Tiene forma de cohete", pensé, y salí de prisa.

Afuera mi familia ya estaba abordo del Mercury Monterrey 1965 de color azul como el cielo, listo para emprender el primero de muchos viajes a La Piedad.

Ya era de noche y la carretera aún resultaba interminable, infinita como el propio cielo, pero faltaba poco por recorrer. Era el segundo día del viaje, pero no podía dormir; en la mañana estaríamos en Michoacán. Mi madre decía que mi mente era una pequeña fábrica de ideas, de preguntas y de dudas; sobre todo eso: dudas que por el momento nadie me podía despejar: "Por eso es importante que vayas a la escuela, porque allá te pueden resolver todas tus dudas".

Durante el camino cerré los ojos para intentar conciliar el sueño, pero seguía viendo las estrellas: "Han de estar muy lejos de aquí, son como foquitos pero, ¿para qué sirven?, ¿serán de puro adorno?, ¿por qué nada más se ven de noche?". Esa noche había luna llena, noté que ésta, a pesar de ir en la autopista, me seguía y eso me hizo sentir bien. Así, mirando a mi nueva compañera de viaje pasó un largo rato hasta que al fin me dormí.

Estaba ansioso por ver a toda mi familia en México. Mis primos y yo podíamos jugar por horas hasta que llegara la puesta de sol y las estrellas aparecieran en el cielo nocturno. Ellos tenían el mismo color moreno de mi piel, se parecían a mí. Esperaba deseoso las fiestas de Navidad y el Año Nuevo porque era cuando toda la familia se reunía en casa de mis abuelos paternos.

Pasaba los días de vacaciones corriendo entre La Piedad, donde vivían mis abuelos paternos, y el rancho de Ticuítaco, donde vivía la familia de mamá. Ambos lugares estaban a 10 minutos de distancia en carro o en el camión conocido como "El Ranchero", que los conectaba. En Ticuítaco todo era campo, ahí se podía pasar el tiempo cazando esas palomas llamadas "güilotas" o pescando en la presa, todo muy rural. En cambio, La Piedad era una ciudad pequeña: el kiosco, la visita a la plaza, los cafés, todo era encantador. Pero a pesar de todo, tenían algo en común: la quietud, la paz que se respiraba en esos dos aires, aunado al olor a hierbas y frutas, mezclado con las costumbres y la música de tambora.

Muchos lugareños de La Piedad se fueron a Estados Unidos en busca de un porvenir iluminado por billetes verdes. El sueño fue alcanzado por gran cantidad de ellos, que recompensaban su ausencia enviando dinero a sus familias para que pudieran construir sus modestas casas.

Así era La Piedad, pueblo de migrantes en donde no había mucho que hacer. Las calles se tornaban solitarias desde las ocho de la noche y el mayor atractivo del pueblo se encontraba en su centro, donde los fines de semana se congregaban las familias para tomar un café o un helado y, por supuesto, para ir a misa a la iglesia del Señor de La Piedad, de la que se dice, en años del movimiento de la Independencia de México, fue visitada por el cura Hidalgo y Costilla, ya que uno de sus parientes era el párroco.

Cuando llegamos a La Piedad, los abuelos nos dieron la bienvenida:

—¡Ya llegaron! —gritó Cleotilde, mi abuelita paterna—. ¡Mi hijo y su esposa ya llegaron con los niños!

—¿Cómo está, doña Cleotilde?, ya vinimos a pasar la temporada —respondió mi madre.

—Qué bueno, mis nietos ya están bien grandes.

—Sí, mire nada más cómo pasa el tiempo.

—Vengan, entren, hice tamales y un atole para desayunar.

Una de las calles más importantes del pueblo se llama Pedro Aceves, y ahí, marcada con el número 387, estaba la casa de los abuelos. El pórtico exterior era amplio y la casa estaba hecha de adobe; tenía unas cuantas recámaras, una cocina y un baño. El techo estaba hecho de tejas, un tipo de tejado curvo entrelazado de cerámica. A pesar de que su casa tenía un exterior austero, el interior estaba lleno de amor familiar, del mismo tipo que había en nuestra casa. Ahora que tengo mi propia familia, puedo compartir con ella las bendiciones de lo que aprendí tanto en la casa de mis abuelos como en la de mis padres.

Cuando mi abuelo José no estaba ocupado atendiendo su parcela de tierra cerca de Ticuítaco, compraba molcajetes y metates (también hechos de roca volcánica, de los indígenas tarascos). Mi abuela usaba el molcajete para moler chiles asados y jitomates para hacer una deliciosa salsa, y el metate para moler maíz y formar la masa para las tortillas. De vez en cuando también usaba el metate para moler los granos de cacao con azúcar y hacer tabletas para nuestro chocolate caliente.

Mi abuelo compraba estos artículos a granel, él y yo los cargábamos en el camión y me llevaba de viaje con él a los poblados aledaños a La Piedad para revenderlos a los dueños de las tiendas en los mercados. Así fue como pude ver el hermoso paisaje del estado de Michoacán. Cuando acabábamos de trabajar regresábamos a La Piedad, mi abuelo me daba cinco pesos, lo suficiente para comprarme una torta y un refresco.

Mientras pasaba la temporada invernal, me divertía con mis hermanos y primos en los campos de fútbol y básquetbol, en las albercas de la quinta y recorriendo a pie los caminos del lugar. En Ticuítaco hay una presa que al atardecer se tiñe de dorado, el sol resplandece en sus aguas y se vislumbran pequeñas estrellitas que se ven a lo lejos en el horizonte.

—Mira Lety, es muy bonita, ¿verdad?

—Sí Pepe, se ve todo muy lindo.

—El cielo se ve rojizo, ya esta atardeciendo, han de ser como las seis.

—Entonces más vale que nos vayamos para la casa, no sea que se preocupen mis papás.

—Sí… Lety…

—Dime.

—¿Alguna vez has pensado o te has imaginado cómo será el cielo, las estrellas, la Luna y todo lo que hay allá arriba?

—Ay Pepe, pues si todos los días podemos ver todo eso, cómo me lo voy a imaginar.

—Sí, sí, pero de cerquita, ¿cómo será ver las estrellas de cerca?, pasar por en medio de las nubes, ver el sol más grande de lo que se ve desde aquí.

—Pues no, no me lo imagino. Lo de las nubes ha de ser como cuando pasamos por la neblina en el coche y se ve todo blanco como humo… ¡Ay, José, qué cosas piensas!; ya vámonos a la casa.

Los juegos infantiles que me divertían en México eran muy diferentes a los que solía jugar en Estados Unidos. En México, los juguetes que teníamos eran pocos, por lo que usábamos más la imaginación para entretenernos. También nos reuníamos por las tardes a orillas del cerro que decora el austero panorama del pueblo, conocido por los habitantes de la zona como Cerro Grande, el cual "conquisté" muchas veces de niño, cuando me parecía una inmensa montaña, y que fue testigo de mis travesuras y de mis instantes de reflexión.

Pero las mañanas seguían estando dedicadas al estudio. En general, luego de la hora de comer íbamos al centro de la ciudad a tomar un helado en La Michoacana. También íbamos para soñar despiertos, como todos los que anhelan predecir su futuro.

—¿De qué lo pediste, Gil?

—De vainilla, ¿y tú?

—De pistache —respondió Chavita.

—Ahí vienen Pepe y Lety. ¡Vengan, vamos a sentarnos aquí! —Gil se refería a la banqueta que está a orillas del portal Morelos.

Nos gustaba ver pasar los carros en los que se paseaban los jóvenes en compañía de sus novias mientras escuchaban lo último de la música estadounidense.

—Cuando yo sea grande quiero tener una "camionetota" como esa —dijo Chavita, al tiempo que señalaba una camioneta blanca con vivos en forma de flamas a los lados.

—¡Está muy fea!, mejor como aquella roja que ahí viene, mírenla.

—No Gil, esa está peor —replicó Leticia.

—¿Qué saben las mujeres de coches?, ellas nada más saben de muñecas y novios.

—¡No es cierto!

—Sí, y tú vas a tener novio, y vas a andar de la manita con él y te vas a dar besitos —dijo Gil en tono burlón.

—Bueno ya, déjala —intervine—. La pregunta importante es: ¿ya saben qué van a querer de regalo de Navidad?

Navidad en Stockton, California, a los nueve años de edad.

Faltaban pocos días para Navidad, fecha en que toda la familia Hernández se reunía en casa de los abuelos para disfrutar del pozole de doña Cleotilde y de las piñatas hechas por José, mi abuelo, quien por su estatura y complexión delgada era conocido en el poblado como *Espinazo*.

Muy temprano, mi papá y mi abuelo iban al mercado municipal a comprar todo lo necesario para la cena: maíz, tortillas, pollo y puerco, entre otras cosas. En tanto, los niños ayudábamos a la abuela y a mamá a preparar los tamales y las bebidas con las que se festejaría el nacimiento del Niño Dios.

Nuestra Navidad era una verdadera tradición mexicana. Participábamos en una posada, en la cual rodeábamos el vecindario e íbamos de casa en casa cantando canciones navideñas tradicionales. Antes de la cena, bebíamos ponche de frutas e intercambiábamos regalos. Lo que significaba más para mí era que tenía la oportunidad de ver a muchos de mis parientes lejanos que venían de Estados Unidos, de la Ciudad de México, capital del país, y de Villahermosa, capital del estado de Tabasco; era una de las pocas veces en el año en que nos reuníamos. Podía ver a mis tías, tíos y primos… ¡me encantaba! La Navidad no solo era una celebración para adultos, sino también para los niños, que podíamos quedarnos despiertos y jugar hasta la madrugada, algo que nunca se nos permitía hacer durante el año.

—¡Pepe!

—Dime, abuelito.

—¿Te la estás pasando bien?

—Sí, claro, ve cuántos dulces me gané en la piñata.

—Son muchos, a ver, dame uno de colación —le di el dulce a mi abuelo mientras él me sentaba en sus rodillas.

—Eres listo como tú solo, estás muy chiquillo y se te ve lo inteligente a leguas.

—No tanto, abuelito, me cuesta mucho aprender inglés y en la escuela no se me pega nada.

—¡Pero eso es fácil!, no te rindas, si tú le echas ganas puedes lograr eso y todavía más. ¿Sabes por qué te pusieron José?

—Porque así te llamas tú.

—Así es, ¿y quién fue José? Un carpintero humilde que después fue muy conocido porque crió al Niño Dios. Bueno, los que nos llamamos José somos carpinteros, podemos crear todo lo que queramos y eso es lo que puedes hacer con tu vida y con tus sueños… darles forma.

No había otra cosa que adorara más que escuchar a mi abuelo José. Él me enseñó otro significado de las estrellas.

Una vez me dijo que las estrellas en el cielo guiaban a los exploradores para encontrar sus destinos cuando se perdían. "¿Por qué crees que las personas piden deseos a las estrellas?", me preguntó. "No lo sé", respondí. "¡Porque vuelven los deseos realidad! Siempre habrá una estrella en el cielo que llamará tu atención; pide tu deseo a esa estrella. Será la estrella más brillante, grande y hermosa de todas."

Llegó el momento de regresar a Estados Unidos. Dos días después de iniciar el viaje, llegamos a nuestra casa en Stockton. La carretera interestatal, la I-5, que nos llevaba al valle central, no había cambiado en nada. Nuestro vecindario seguía siendo el mismo. Esta vez llegamos a Tracy. Regresé a la primaria durante la primavera siguiente. Las cosas comenzaron a cambiar para bien, como había esperado, con respecto a comprender el inglés un poquito mejor. Para mi sorpresa, empecé a ver que poner un esfuerzo extra en aprender el idioma comenzaba a dar resultados y me di cuenta de la importancia de ir a la escuela y poner atención.

Recuerdo con mucha claridad que para llegar a la escuela teníamos que pasar por un camino de terracería que nos llevaba a la carretera principal, en donde abordábamos el autobús. Uno de esos días, los cuatro nos sentamos en la banqueta mientras esperábamos.

—Mira, Lety —dijo Chavita—, ya se me rompió el pantalón de las rodillas otra vez.

—Pues sí, porque te la pasas jugando cuando lo traes puesto y lo tienes que cuidar, es el de la escuela.

—Híjole, mira, también los zapatos, ya se abrieron de un lado.

—Ay, Chavita, pues te vas a tener que aguantar porque mi papá tiene poco dinero.

Yo intervine para decirles que teníamos que ir a la escuela si no queríamos preocuparnos por el dinero en el futuro, lo cual nos decía papá a menudo.

Poco después, el camión amarillo de la escuela nos recogió. Nadie dijo una sola palabra después sobre ese tema. Años después, mis hermanos confesaron que no habían podido creer que uno de los hermanos más chicos de la familia fuera tan serio con respecto a la importancia de tener una educación a una edad tan temprana. Para ser honesto, no era tan serio como ellos pensaban. La única razón por la que me esforzaba en hacer las cosas bien en la escuela era por el amor que les tenía a mis padres.

Poco a poco las cosas siguieron mejorando en la escuela. Ya tenía más amigos con quienes hablar, el inglés me resultaba menos complicado cada día, a pesar de que no fue hasta los 12 años que lo aprendí bien. Y las matemáticas, con ellas nunca tuve problema, incluso me refugiaba en ellas cuando sentía que las cosas no me salían bien: "En esto soy bueno", pensaba para darme ánimo.

En realidad eran pocas las cosas que me hacían salir de la rutina de ir a la escuela, regresar a casa, comer, estudiar, ver la televisión, jugar, cenar y dormir. Todos los días parecían el mismo, pero la diferencia la marcaban esas preguntas que invadían mi mente. En un momento inesperado, un cuestionamiento me asaltaba y entonces, estático, pensativo, trataba de resolver lo que tanto me inquietaba.

Así pasaban los días hasta que llegaba el verano. Cada año, mis compañeros de clase se divertían con la idea de contar el tiempo que restaba para las vacaciones, en cambio, yo tenía otros planes.

—Ya faltan solo tres días y a descansar —me comentó un amigo de la escuela.

—Sí, bueno, tú vas a descansar, pero yo voy a trabajar.

—¿Y por qué tienes que trabajar?

—Pues porque así lo hace mi papá y tenemos que ayudarle entre todos.

Para mí, el verano era sinónimo de trabajo. Con dificultad mis hermanos y yo nos librábamos de las jornadas en el campo, así que era mucho mejor hacerse a la idea de que tendríamos poco tiempo para descansar y jugar.

El último día en la primaria Fillmore Elementary School era caótico. ¡Trin!, ¡Triiin! En el momento en que sonaba el timbre para indicar la salida de clases, el ambiente se tornaba desquiciado: niños a montones saliendo por la puerta principal, corriendo, como si quisieran aprovechar cada segundo de su añorado descanso. Yo lo hacía como si se tratara de un día habitual, era el último en guardar los útiles en la mochila y, por tanto, el último en salir del salón. Mi maestra, la señora Marlisse Young, una joven de ascendencia china —que por cierto les había dado clases a mis hermanos—, había notado en mí una capacidad destacada para los estudios, sobre todo para matemáticas.

—¿No deberías estar emocionado como todos los demás de que terminó la escuela? —me preguntó mientras se me acercaba.

—Supongo —le contesté mientras terminaba de guardar el resto de mis cosas en mi mochila.

—Vas a estar trabajando este verano, ¿cierto?

—Sí.

—Bueno, no olvides que la escuela es tu principal prioridad. Diviértete este verano también. Te veré de nuevo aquí cuando comience la escuela.

Tomé mi mochila, me la puse en la espalda, y comencé a alejarme con una sonrisa melancólica en la cara cuando la señora Young gritó: "José". Entonces me volteé.

—Solo quiero que sepas que eres un niño muy inteligente —me dijo. La miré con duda en mis ojos y una fuerte sensación de orgullo que superó la humildad que me habían inculcado mis padres.

—Nunca dejes la escuela para trabajar en los campos. Tienes el potencial para ser alguien importante un día.

Abandonar los estudios era algo que no estaba en mi mente. Mis padres, que solo habían cursado hasta el tercer año de primaria, deseaban que sus hijos fueran profesionales destacados para que no tuvieran la necesidad de trabajar en los campos durante largas horas que resultaban agotadoras. Nosotros laborábamos en el campo porque su propósito era que entendiéramos el significado del trabajo, el valor del dinero y la importancia de progresar, pero sabían que aun sin nuestra aportación, ellos podrían sacarnos adelante.

MRS. YOUNG   FIRST & SECOND GRADE   FILLMORE SCHOOL   NOVEMBER 1969

Grupo de 1º y 2º de primaria con la maestra Young. Estoy en la fila superior, el segundo desde la derecha. La señora Young se halla en la última fila, la tercera de derecha a izquierda.

Aquel último día de clases, Gil entró por la puerta de la casa corriendo y exclamando:

—¡Ya llegamos! ¡Vacaciones! ¡Mamá, ya son vacaciones, por fin!

—Sí, lo sé —respondió a la emoción que Gil sentía por iniciar sus vacaciones.

—Ay, pero vamos a tener que trabajar, ¿verdad?

—Sí, Gil, pero terminaremos a las 12 del día y tendrás toda la tarde para ti. Hijo, ánimo, quita esa carita triste. Piensa que todo esto no va a ser para siempre, porque cuando seas un licenciado, médico o ingeniero, imagínate, vas a tener tu oficina y siempre irás a trabajar muy trajeado y muy elegante y los campos serán algo del pasado —concluyó para animarlo.

Mi familia pasaba los meses de junio, julio y agosto trabajando bajo el agobiante sol de California. Un día, luego otro, y otro más.

Yo no estaba inconforme con la vida, era feliz, pero quería más.

Deseaba hacer algo por mí, por mi familia, pero sobre todo por mi madre, quien siempre estaba en casa haciendo los quehaceres, trabajando en el campo y sin un instante de descanso por el esfuerzo que implicaba criar a cuatro hijos y atender a su esposo. Siempre fuimos el centro de su existencia. No era fácil ser ama de casa y mucho menos en un país ajeno. Por eso prefería no darle motivos de preocupación y procuraba hacer todo lo necesario para ser un "niño bueno".

Chavita, Lety y Gil pensaban lo mismo. Mamá no tenía que preocuparse por despertarnos, vestirnos, llevarnos a la escuela y todo lo que en otros hogares es un rutinario reto matutino. Nosotros comenzábamos temprano a cumplir con los deberes diarios: tender la cama, arreglar las habitaciones e ir a clases, todo esto sin que nos dieran una sola orden. Eso nos hizo madurar más rápido.

En cuanto a mí, no podía esperar a que iniciara el segundo año. Tan pronto las clases empezaban, yo dejaba de trabajar en el campo. Como sea, las palabras sabias de mi papá me enseñaron que, si me lo proponía, lograría alcanzar mis metas. Él me enseñó que tenía que pelear por lo que creía y quería de la vida; nada llega por obra del azar, sino por el trabajo y la perseverancia. Entonces era mayor el esmero que ponía en el trabajo, porque en cada fresa que cortaba, en cada durazno que echaba en la cubeta, llegaba una nueva idea a mi imaginación…

Así pasó aquel verano, en el que un suceso marcó la diferencia.

Más allá de la Guerra de Vietnam, de los conflictos internos de Estados Unidos y de los movimientos *hippies* que se desataron a partir de eso, 1969 fue un año importante para la humanidad y dejó en mí una fuerte impresión a pesar de que apenas tenía siete años.

En la mañana del 20 de julio de 1969, todo el mundo se quedó pegado a la televisión esperando a que ocurriera un evento histórico. La humanidad había logrado hacer lo impensable, algo que solo hubiera sido posible en la mente de un niño: un hombre estaba a punto de pisar la Luna.

La Luna sin duda había inspirado amor, poesía y música desde el inicio de los tiempos. Pero este día iba a ser conquistada por un individuo, quien no solo llevó sus sueños con él en su viaje, sino también los de todos los seres de la Tierra, quienes al presenciar ese momento monumental, debieron darse cuenta de que sus sueños no tenían límites. Yo fui una de esas personas.

No había gente en el mundo que desconociera la noticia de que la NASA haría que el hombre llegara a la Luna. No había persona que no estuviera viendo las imágenes en los televisores, y mi familia no era la excepción. Al volver del trabajo del campo, todos nos reunimos frente a la televisión para ser testigos de los primeros pasos de un hombre en la Luna. Me apresuré a encenderla para escuchar la narración de Walter Cronkite.

—¡Mamá, papá, vengan todos, ya están pasando la noticia!

—Allá vamos —respondió mi madre desde la cocina, mientras preparaba la comida.

Aunque tomé mi conocida posición junto a la televisión para ajustar la antena "de conejo", como era ya costumbre cuando había programación interesante, no me despegué del monitor un solo instante. Estaba ahí, frente a imágenes que me sorprendían. Me recordaron a *Star Trek* o las películas de ficción, pero esa vez todo era real. No parpadeé ni un segundo frente al televisor. "¿A quién se le habrá ocurrido mandar hombres al espacio?, ¿cómo es que lo lograron?", me preguntaba mientras escuchaba maravillado: "Houston, aquí Base Tranquilidad, el Águila ha alunizado".

Fue durante la noche cuando se transmitieron las primeras imágenes de la llegada del hombre a la Luna. Neil Armstrong tocó el suelo lunar y dijo la frase que ha trascendido a través de los tiempos, una frase inmortal: "Un pequeño paso para el hombre, un gran salto para la humanidad". Cuando escuché esas palabras sentí un sobresalto indescriptible, me levanté de manera abrupta y me acerqué a la pantalla del televisor; por fin lo había descubierto, por fin sabía cuál sería el camino:

———————

¡Quiero ser astronauta!, y a partir de ese entonces, nada ni nadie me quitó la idea de la cabeza.

———————

Tenía solo siete años de edad y no sabía lo que se necesitaba para ser astronauta. Se trató de un momento predestinado más que de un pensamiento tonto.

El solo pensar que el universo era infinito y que yo tendría la posibilidad de volar alto, más que cualquier ave, me hizo desear, aún más, ser astronauta.

Nunca olvidaré esa noche. Cuando fui a la cama estaba muy emocionado como para poder dormir. No podía dejar de pensar en mi sueño de convertirme en astronauta. La idea de poder unir la ficción con la realidad para alcanzar el éxito e inspirar a otros me resultaba increíble. Imaginaba la sensación de ponerme un casco, o uno de esos trajes blancos como el de Neil Armstrong. Pero era preferible no decir nada, ¿qué diría la gente?, ¡seguro se burlarían de mí!, y eso no sería agradable. Las únicas personas a quienes les compartí este sueño fueron mis padres, y para mi agradable sorpresa, me motivaron mucho.

Foto escolar a los seis años de edad.

Al día siguiente todo continuó como de costumbre, fuimos a trabajar en las cosechas de fresa, y mientras levantaba una y otra y otra más, soñaba despierto con el día en que alcanzaría las estrellas; ahora las cosas eran distintas porque pese a mi corta edad, tenía una misión que se convertiría en el motivo de mi vida, un motivo que mantuve callado durante muchos, muchos años.

Llegó septiembre y, con siete años cumplidos, era tiempo de cursar el segundo año de la Fillmore Elementary School. La señora Young sería nuevamente mi profesora. El primer día del ciclo escolar llegué temprano al colegio al igual que ella y coincidimos en la entrada minutos antes de que sonara el timbre que indicaba el inicio de clases.

—Veo que has vuelto José, cumpliste la promesa —me dijo la joven maestra.

—Sí, aquí estoy.

—¿Y cómo te fue en las vacaciones?

—Bien, gracias. Trabajé en el campo y gané un dinerito que le di a mi mamá y otro tanto que estoy ahorrando.

—Qué bien, ¿y jugaste mucho?

—Sí, y tengo algo que decirle. Tengo una revista acerca de astronautas, la compré después de que vi el lanzamiento del *Apolo* en televisión. Leí acerca de lo que hacen, del espacio y del universo y pensé que todo es muy interesante, ¿no cree?

—No sabía que te interesaba esa clase de cosas —volteó su mirada al escritorio, de donde tomó un libro—. Este es un libro de astronomía —dijo mientras me lo entregaba—. Sé que es viejo pero lo vas a disfrutar.

No podía creer que estuviera sosteniendo el libro que tenía todas las respuestas a las preguntas que siempre me hacía sobre el espacio.

—¿Para mí, maestra? —pregunté con cierta ansiedad. Ya quería leerlo.

—Sí José, para ti. Léelo y luego me platicas qué te pareció y si tienes una duda me dices, ¿está bien?

—¡Sí!, muchas gracias.

Aún conservo detalles en mi memoria. Todos los días por la tarde me sentaba en la orilla de la cama que compartía con mi hermano Gil para leer el libro de astronomía. Al fin supe por qué las estrellas tenían tonalidades distintas, por qué unas brillaban más que otras, y por qué unas parpadeaban y otras no. Aprendí acerca de las constelaciones y cuáles eran los cuerpos que formaban parte del universo. Supe de la existencia de Galileo Galilei y de sus teorías, aunque no comprendía su significado con claridad. Esos conocimientos despertaron más dudas, incitaron más preguntas y alentaron mi imaginación.

Pasaron las semanas y los meses, hasta que otra vez llegó el momento de volver a México. Como era costumbre, me acerqué a la profesora Young para pedirle

las tareas escolares que haría durante los cuatro meses que estaría en La Piedad…
pero no me las dio.

—José, hoy por la tarde voy a ir a tu casa a hablar con tus padres, esto no
puede seguir así.

—Sí, maestra, pero, ¿por qué está enojada?

—Tenemos que pensar en tu futuro y tanto viaje no es bueno para ti, ni para
tus hermanos. Tu educación es prioridad. En verdad estoy preocupada —dijo con un tono muy serio.

Sabía perfectamente a qué se refería la señora Young, y estaba de acuerdo; ya no
quería pasar una temporada aquí y otra allá. Deseaba establecerme en un solo sitio
para no tener que dejar la escuela, ya que, a pesar de mi edad, todavía me costa-
ba mucho trabajo el inglés y eso me hacía sentir diferente, triste y, en ocasiones,
avergonzado.

Camino a casa comprendí lo importante que sería la conversación entre mis
padres y la profesora. Ella era una joven de origen chino, una migrante como
yo que, con el paso de los años, con mucho esfuerzo logró hacerse acreedora de
un título profesional que le permitió desempeñarse como maestra. Yo creo que un
migrante, sin importar de dónde viene, tiende a enfrentar más dificultades al asi-
milar el nuevo ambiente en que vive que cualquier otra persona en la sociedad, en
su búsqueda de prosperidad.

"Mamá, papá, mi maestra viene a hablar con ustedes", les dije tan pronto como
llegué a casa. Desde luego obtuve dos reacciones distintas de mi papá y mi mamá.
Mi padre de inmediato se quitó el cinturón y me preguntó qué travesura había hecho en la escuela. Tras una breve plática logré convencerlo de que su visita estaba
relacionada con nuestro próximo viaje a México. La reacción de mi mamá fue muy
diferente, ya que tenía una mirada similar en su rostro a la del niño de la película
Mi Pobre Angelito (*Home Alone*). Su comentario inmediato fue que necesitábamos
limpiar la casa, hacer tortillas de harina y preparar una comida especial y deliciosa.

—¿A qué hora llega? —preguntó mamá nerviosa.

—Ella dijo que como a las siete de la noche.

—Bueno, entonces me apuro —dijo y comenzó a preparar todo.

Mamá, como la gran mayoría de las mexicanas, tenía la costumbre de recibir a sus
visitas con todas las atenciones para lograr una buena impresión. Tratándose de
la maestra, éstas se duplicaban, ya que era alguien importante en la vida del más
pequeño de sus hijos. No pasó mucho tiempo cuando alguien llamó a la puerta.

—Maestra, qué gusto que nos visite, pase por favor —saludó papá en español, sorprendido por la visita de la señora Young.

—Muchas gracias —dijo Mrs. Young con el escaso español que sabía, para corresponder a papá.

—Tome asiento.

—Gracias.

Ella no hablaba español, solo sabía decir algunas palabras como "sí" y "muchas gracias", así que a pesar de mi poco inglés, no tuve más remedio que traducir la conversación entre mi padre y la maestra.

—"Dice la maestra que es importante que dejemos de ir y venir de un lado a otro."

—"Dice mi papá que es necesario, porque no podemos vivir durante el invierno en Estados Unidos, ya que las cosechas se acaban."

—"Dice la maestra que tenemos que hacer un sacrificio por el bien mío y de mis hermanos, porque el estudio es importante."

—"Dice mi papá que va a pensar si encuentra otra forma de ganar dinero, ya que él desea lo mismo."

—"Dice la maestra que es importante que lo consiga, porque podemos tener un buen futuro si dejamos de perder tantas clases."

—"Dice mi papá que tiene usted razón, que lo va a tomar muy en cuenta y buscará trabajo para los inviernos."

—"Dice la maestra que eso sería lo mejor."

—"Dice mi mamá que si pasamos a cenar."

Durante la cena, la maestra y nuestra familia compartieron risas, incluso le enseñamos a decir algunas palabras en español. La maestra disfrutó mucho los frijoles refritos, las tortillas de harina recién hechas a mano, el arroz mexicano, el mole con pollo y el agua de horchata. Hasta yo bromeé con ella pidiéndole que regresara a visitarnos más seguido para que cenáramos como esa noche. Todo mundo rió por el comentario a excepción de mi padre, quien siempre estaba serio.

Más tarde ella me dijo que admiraba la unión de mi familia a pesar de nuestra vida humilde. Cuando se despidió, se acercó a mí, se puso de cuclillas y sonrió.

—Ahora sé por qué eres tan bueno, sigue así de estudioso, de inteligente y de noble, porque todo esfuerzo tiene su recompensa y la tuya va a llegar, tiene que llegar.

—Gracias, maestra, nos vemos mañana en clases.

De todos modos fuimos a México ese año pero regresamos directo a Stockton; nuestros siguientes viajes fueron más cortos, ya que comenzamos a pasar los inviernos allí. Durante esos largos inviernos vivíamos del poco dinero que habíamos ahorrado de la temporada de cosechas de ese año. Nuestra situación financiera solía empeorar hacia el final del invierno, pues mi padre batallaba para encontrar empleo como podador de árboles. Esas temporadas en Estados Unidos resultaron muy difíciles para todos nosotros.

—Julia, estamos muy limitados con nuestro presupuesto y debemos cuidar los gastos. Nos estamos quedando sin nada.

—Sí, Salvador, pero no te preocupes, podremos superar esto aunque sea comiendo frijoles todos los días.

—Solo será hasta que encuentre trabajo otra vez.

—Como te lo he dicho antes, Dios no nos abandonará. Lo que hacemos es un sacrificio por nuestros hijos y vale la pena.

Los inviernos siguientes no fueron diferentes. Nuestra situación necesitaba de un poco de improvisación cada año. Mi padre hizo todo lo que estaba a su alcance para encontrar una solución a nuestros problemas económicos. Salía de casa cada mañana y se las arreglaba para encontrar trabajitos que no producían mucha paga. Pero, a pesar de nuestro estrés económico, siempre hubo comida en nuestra mesa y mucho amor en casa.

En las tardes acostumbraba salir a jugar con los niños del vecindario, quienes solían criticar la ropa que usaba: mis camisas viejas, mis jeans que ya me quedaban cortos, las calcetas remendadas, así como los tenis raspados que no me hacían justicia. Pero aún así yo era un niño feliz, seguía creciendo y no permitía que sus críticas me afectaran. Mi familia era unida y mis hermanos me querían mucho, eso era lo que en verdad me importaba.

—Pepe, tus zapatos ya están rotos. De ahí, ¿ves?

—No, no me había dado cuenta —respondía mientras seguía pateando el balón, recorriendo las banquetas.

—Mi mamá me compró unos nuevos ayer, pero son para la escuela.

—Qué bien. Pásame el balón.

—¿Tus papás son pobres, verdad?

Hay que aprender a guardar silencio, pero con comentarios tan crueles, vaya que es difícil, sobre todo cuando eres niño. Greg, mi vecino, que en ocasiones se reía de nuestra situación económica, solo vivía con su madre, que trabajaba como secretaria en la oficina de un abogado. Parecía que económicamente no necesitaba nada, pero la realidad es que siempre estaba solo porque su mamá trabajaba todo el día y su hermana se había ido de casa.

Él hizo todo lo que pudo para enseñarme su mundo "feliz", pero era evidente que estaba escondiendo al pequeñito asustado que se encontraba en su interior. Se esforzó para mostrar al mundo que era fuerte y feliz; aunque por dentro estaba escondiendo la verdad de sus temores y su soledad. Después me di cuenta que su aceptación hacia mí se debía a su naturaleza pasiva para lidiar con relaciones. En resumen, era indiferente con todos y, a medida que iba creciendo, fue incapaz de mantener vínculos de largo plazo.

Al ver esto me percaté de que yo, pese a no tener mucho, tenía la bendición de una familia unida y amorosa. Ese día, cuando entendí eso, abracé a mamá como nunca lo había hecho, le di un beso en la mejilla y me fui a mi habitación a hacer la tarea. Por desgracia, Greg no vivió más allá de su adolescencia, ya que padeció leucemia y murió a la corta edad de 16 años.

CAPÍTULO

3

"Agarrando vuelo"

◄ Jets T-38.

*La educación es el arma más poderosa que
podemos usar para cambiar al mundo.*

Nelson Mandela (1918),
activista contra el *apartheid*, ex presidente de Sudáfrica.

Rᴇɢʀᴇsó ʟᴀ ᴘʀɪᴍᴀᴠᴇʀᴀ ʏ ᴄᴏɴ ᴇʟʟᴀ ʟᴀ ᴀʙᴜɴᴅᴀɴᴄɪᴀ de trabajo para los campesinos, eso significaba dinero para nuestra familia. Mi padre y sus amigos conversaban de diferentes asuntos durante sus jornadas. Uno de ellos era el valor de la educación. Los demás trabajadores se dieron cuenta de que para papá el tema era muy importante; aquella semana, ni mis hermanos ni yo habíamos ido a trabajar. Todos pensaban que era un desperdicio tener tantos hijos perdiendo el tiempo en un salón de clases.

Recuerdo que al final de la semana, el viernes por la noche, mi papá invitó a sus amigos a tomar unas cervezas en el patio de la casa. Ezequiel, amigo migrante de papá, también originario de La Piedad, "presumió" a papá los resultados.

—Hoy cobré ocho cheques. Mi esposa y mis chamacos bien que me ayudan con el trabajo, Salvador —le decía don Ezequiel a mi papá.

—Pues yo también tengo ocho cheques. Ya, Salvador, te equivocas, nuestro futuro no está en las escuelas, sino en las tierras, y tú que no pones a chambear a tus hijos todos los días, la de dinero que estás perdiendo —aseguró Jorge, quien también era campesino.

—Ya saben que las clases empezaron esta semana, y pues yo nomás tengo dos cheques, pero Dios nos socorre y de comer no nos va a faltar. No me da vergüenza ser pobre.

—Sí, desde que se te ocurrió pasar los inviernos aquí… De veras, Salvador, no sé en qué andas pensando, lo que sí te digo es que nada bueno saldrá de tus

◄ Mi graduación de preparatoria de la Franklin Senior High School en Stockton, California, en 1980.

planes. ¿No quieres construir una casa en México? —le preguntó Jorge, con un tono de voz con el que pretendía llamarle la atención—. Podrías ganar mucho más dinero si tus hijos trabajaran toda la semana y no solo sábados y domingos.

Mi padre se limitó a dibujar una mínima sonrisa en sus labios, casi imperceptible. Estaba acostumbrado a que cada día de pago fuera lo mismo. Apreciaba más sus propias convicciones que cobrar un poco más de dinero cada quincena. Quería que sus hijos se enfrentaran al mundo con una buena educación, así que no había nada que los demás pudieran decir para que cambiara de opinión.

—Yo no me quejo, tenemos comida en nuestra mesa. Quizá nos tardemos más, pero vamos a construir la casa de México.

—He oído que estás pensando en quedarte en Estados Unidos este invierno, Salvador —cuestionó Jorge, tratando de entender la mentalidad de papá.

Mi padre cambió de conversación.

—¿Quién miró el aterrizaje lunar?

Aunque no tenían una idea clara de si sus hijos aprovecharían esta oportunidad, reconozco a mis padres por darnos la ocasión de tener una educación. Cuando hubo conversaciones sobre este tema, ya tenía la edad suficiente para darme cuenta de los sacrificios que ellos estaban haciendo y juré no decepcionarlos. No podría decir cuál hubiera sido mi futuro si mis padres no hubieran hecho de la educación la prioridad número uno. Mis hermanos y yo fuimos de los pocos niños afortunados con esa posibilidad; la mayoría de los chicos con los que crecimos no la tuvieron.

Pasaron los años y yo seguía demostrando en la escuela un gran interés por las matemáticas y las ciencias.

———

El mundo de los números en realidad me cautivaba. Quizá porque el inglés era mi segunda lengua, me refugié en entender que 2 + 3 siempre era igual a 5 en cualquier idioma.

———

La situación económica de la familia siempre era complicada durante el invierno. La renta de la casa en la que vivíamos ya resultaba incosteable, por lo que mis padres decidieron buscar una casita aún más barata en uno de los barrios más humildes situado al este de Stockton.

—¿Aquí es donde vamos a vivir, papá? —preguntó mi hermana Lety cuando vio las condiciones de vida todavía más austeras que las que teníamos antes. Era una vieja casita de madera que estaba al lado de otras dos. Las tres casas estaban apretadas en un terreno que en condiciones normales solo albergaría una casa.

—Sí m'hija, aquí vamos a vivir, pero nada más por un rato, hasta que todo mejore.

—Estaba mejor la otra casa —intervino Gil.

—¡Cállate, Gil! No es cierto, papá, vamos a estar bien —intentó corregir Chavita, el más grande de los cuatro.

Gil ignoró el comentario de su hermano mayor y miró a mi padre queriendo encontrar una respuesta que lo tranquilizara.

—Pero va a ser un rato, ¿verdad, papá?, nada más un rato.

—Claro que sí m'hijo, todo va a estar bien, esto no va a durar toda la vida. Ándenle, dejen sus cosas en su cuarto y vengan a echarse un taquito porque la mudanza nos cansó a todos.

Unos años después, las tres casas serían declaradas en ruinas y derrumbadas una a una por el dueño. Nuestra casa fue la última que quedó en pie. Las viviendas estaban en cimientos elevados y esto permitió a nuestro casero comprar una casa prefabricada y moverla al terreno. Con nuestra vieja casita todavía intacta, el dueño hizo justo eso, movió e instaló una casa un poco más grande en una condición un poquito mejor. La colocó en un cimiento elevado recién construido que dejó un espacio para arrastrarse debajo de ella, mismo que más tarde se convertiría en un buen lugar de escondite para el perro de la familia, Lobo, una cruza de pastor alemán con otra raza. El casero escogió nuestra casa para demolerla al final porque quería que nuestra familia se mudara a la vivienda recién instalada. Supongo que esto se debió a que mi padre siempre se enorgullecía de pagar la renta a tiempo, lo que nos hacía los mejores inquilinos.

Después de unos años de seguir rentando, mis padres compraron la casa a este casero, ya que él facilitó un trato financiero de compra que yo, siendo un niño de 12 años, ayudé a explicar y traducir a mi padre. Fue esta casa a la que mi familia por fin pudo llamar hogar. Nuestro nuevo barrio, o vecindario, no era el más adecuado. Como en cualquier ciudad, los vecindarios más viejos y pobres, como en el sur y este de Stockton, tendían a tener tasas más altas de crímenes que las áreas más nuevas.

Inicié la escuela secundaria en la Fremont Middle School, que se encontraba muy cerca de nuestra casa. La mayoría de los estudiantes, como yo, venían de familias de recursos limitados.

El primer día de clases en Fremont fue muy emocionante. Ya podía decidir algunas de las materias que quería tomar, y por supuesto elegí las más relacionadas con números y ciencias, pues era algo que desde siempre entendí. Además, en mi mente seguía la idea de cumplir el sueño trazado: ser astronauta. Pero aún no era capaz de hablar con alguien sobre eso, excepto con mis padres.

Fue justo en la escuela donde conocí a Carlos y a su hermano mayor, Alberto. También conviví con Sergio, quien vivía frente a mi casa. Los cuatro éramos casi como hermanos y juntos pasamos muchas vivencias durante nuestra adolescencia.

—¿Saben lo que es un "pocho"? —preguntó Carlos mientras estábamos sentados en la escalera de la casa en la que vivíamos.

—Pues no muy bien —respondió Sergio.

—"Pochos" son los mexicanos que viven en Estados Unidos, como nosotros. Carlos y Sergio eran chiquillos que se vestían de forma muy estrafalaria: camisetas sin mangas, pantalones holgados y tenis anchos y brillantes, que parecían ser más grandes que sus pies. En general sus accesorios eran una cadena que pendía de su cinturón y una cinta que rodeaba su cabeza.

—¿Y es malo ser "pocho"? —le pregunté.

—No, pero si te das cuenta, no somos de aquí ni tampoco de México; estamos solos, por eso tenemos que estar unidos, porque si no, nos friegan.

—¿Quiénes? —insistí.

—Pues todos, los mexicanos, los gringos. Cuando vamos a México dicen que ya nos agringamos y cuando estamos acá, nos dicen "come tacos". Está muy difícil, pero si estamos juntos, aunque no tengamos raíces, vamos a estar bien.

Aunque no tengamos raíces... Al escuchar aquellas palabras, me quedé pensativo por un instante y con tristeza me di cuenta de que las palabras de Carlos eran ciertas: no tenía raíces, era un mexicano que hablaba inglés y un español mocho que causaba la risa de mis parientes en La Piedad. Entonces sentí nostalgia y una profunda tristeza; quería y sentía la necesidad de pertenecer a algo. Eso me unió más a Carlos, Alberto y Sergio.

Las cosas en el barrio no eran fáciles. Había bandas de jóvenes que diario se confrontaban para delimitar sus "territorios". La circulación de drogas, desde la marihuana hasta el hachís, era algo común. Los tiroteos ocurrían en menor grado, sin embargo mantenían al vecindario alerta. En ese mundo habitado por familias divididas, con problemas de violencia, alcoholismo y falta de atención y, por consecuencia, hijos que se unían a pandillas para delinquir, de alguna manera manejé la situación y me mantuve lejos de ellas. Con todo, pensaba en la supervivencia, así que poco a poco mi vestimenta fue cambiando. Comencé a usar pantalones holgados, camisetas sin mangas o camisas amplias y zapatos anchos. Caminaba por las calles con una actitud diferente, imitando a los jóvenes con quienes convivía. Mi objetivo era lograr el camuflaje, parecerme a todos para no ser molestado por parecer un *nerd* y así evitar problemas.

En la escuela y con la familia era lo mismo: juguetón, bromista, intentaba ser estudioso y responsable, pero en la calle, en el barrio, era un "pocho" que, para evitar la burla general, ocultaba mi idioma natal y mis costumbres mexicanas.

Carlos estudiaba conmigo en secundaria, pero demostraba poco interés en la escuela y eso era una pena porque en realidad era un joven muy inteligente y con mucho potencial. Era frecuente que él me superara en las calificaciones.

—Mi hermano va a venir por nosotros, José.

—Sí, Carlos, ¿por qué no haces las tareas? Yo creo que si estudiaras más…

—Ay, ya te pareces a mi mamá. ¿Para qué estudio?, a ver, tú dime.

—Pues para ser alguien en la vida.

— ¿Alguien?, ¿en este mundo?, José, sé realista, "hijito de papis": no hay oportunidades para gente como tú o como yo, estamos en un país que no es el nuestro y por más que escondamos nuestro español y nuestras costumbres, para los gringos seguimos siendo mexicanos. Mira nuestra piel, José, somos morenos, eso lo asocian con ser sucio y pobre. El único futuro que tenemos está en el campo o en las fábricas. Esa es la verdad y tú lo sabes.

Carlos hablaba con una elocuencia que no era propia de un niño de su edad, pero su madurez resultaba deprimente. Cada una de sus palabras era testimonio del sufrimiento que sentía, un sufrimiento causado por un hogar lleno de violencia, alcoholismo y desunión.

—Sí, pero…

—¡Chale, José!, tú haz lo que te venga en gana, ya me dirás después para qué te sirvió quemarte tanto las pestañas. Bueno, ya, ahí viene mi hermano.

Alberto era un adolescente de 16 años que se pasaba la vida rodeado de amigos y de chicas que admiraban su fuerza física, la que demostraba golpeando a cualquiera que lo retara. En pocas palabras, era el popular del barrio. Muy pocas veces iba a la escuela y cuando lo hacía, era para hacer alborotos y "echar pleito" en su salón de clases. Los maestros no lo toleraban ni podían controlarlo y sus padres tampoco podían hacer gran cosa. Él era desafiante y todos los problemas en casa lo endurecieron; ninguna autoridad estaba sobre él. En realidad, tenía intereses más importantes como hacer dinero, el cual usaba para comprarse cosas caras: chamarras de cuero, camisas de marca y joyería de oro. Le compraba a Carlos cualquier cosa que quisiera, sobre todo alcohol.

Sergio era compañero inseparable de Alberto, "el segundo al mando". Siempre estaba merodeando por el barrio, buscando problemas con las demás pandillas y era muy temido por todos los que vivían en la zona, ya que, a pesar de su corta edad, era muy temerario e imprudente y, a veces, como decían los adultos, "no medía las consecuencias de sus actos".

—Carlos, ¿cómo gana tanto dinero tu hermano? —pregunté un día.

—Es difícil de explicar.

—¿Por qué?

—José, es algo que todos saben, pero nadie lo dice, unos porque le tienen miedo y otros porque necesitan lo que vende.

—¿Qué vende?

—Esto —sacó del bolsillo de su pantalón una bolsa de plástico que contenía algo que me pareció orégano, pero ya tenía edad para darme cuenta de que era marihuana, y me la mostró. Alberto era uno de los muchos traficantes de drogas del vecindario.

—Pero eso está mal.

—No, ¿por qué? Si él no obliga a nadie a que le compren.

—Pues sí, pero no está bien, mis papás dicen que…

—Dicen lo que todos, pero no hay nada de malo en esto, te lo aseguro. O qué, ¿vas a ir de soplón? —me dijo con una mirada retadora, amenazante.

—No, claro que no.

Años después me he preguntado cómo debí manejar esa situación. Nunca hubiera pensado en decir algo a los demás; finalmente, como me lo dijo: todo mundo lo sabía pero nadie hablaba. Lo único que podía hacer era dar buenos consejos o tratar de ser buen ejemplo, para que vieran en su interior lo equivocados que estaban.

Alberto, al igual que Sergio, me estimaba mucho porque era un niño sencillo y yo siempre era amable con él. Pensaba que yo era distinto y eso le agradaba.

Alberto jamás intimó conmigo ni mucho menos habló de sus negocios, los cuales a la larga le acarrearon graves consecuencias; en aquel entonces la vida que llevaba le resultaba cómoda y agradable. Supongo que todos tomamos nuestras propias decisiones en la vida, pero hasta hoy me sigo preguntando si hubiera podido hacer o decir algo para persuadir a mis tres amigos de no escoger el camino que a fin de cuentas siguieron…

Conforme pasaban los meses la convicción de ser astronauta se intensificó. Mis maestros se sentían muy orgullosos por lo que llamaban mi "hambre de conocimiento", en especial la señora Sylvia Bello, mi maestra de español en Fremont.

La señora Bello era una mujer menuda, de ojos color café y cabello castaño. Muy vivaz. También era migrante, originaria de Puerto Rico, quien al igual que muchos, dejó su tierra para buscar el "sueño americano". Ella compartía la misma idea de salir adelante por medio de la educación como yo, y no pasaba un solo día sin que me hablara de la importancia de todo eso. Ella fue la primera en enseñarme que saber dos lenguas era una ventaja, no una desventaja.

Sus clases de español eran muy estrictas, pero este era solo el comienzo de mi aprendizaje para hablar y escribir con propiedad mi lengua materna.

Un día ella entró al salón y dijo:

—Acabo de hablar con el director y me dio permiso para organizar un viaje a Guadalajara, Jalisco, en México. Iremos durante las vacaciones de primavera. Para aquellos que estén interesados, nos iremos en camión y llegaremos en dos días ahí. Visitaremos un colegio de niños ciegos, eso nos permitirá conocer la cultura mexicana y practicar nuestro español.

Todo mundo estaba entusiasmado por la idea excepto yo, que estaba preocupado por el dinero para poder pagar el viaje.

—Profesora, ¿cómo vamos a pagar el viaje? Mis padres no podrían costear un viaje como éste —dije.

—Qué bueno que lo preguntas, José. Estoy pensando en recaudar fondos vendiendo cajas de chocolates y comida. El costo es de 225 dólares por cada uno de ustedes, así que vamos a organizarnos.

Y así fue. Durante meses nos dedicamos a vender cajas de chocolates entre nuestros vecinos y amigos, mientras la señora Bello vendía burritos durante las horas de descanso. Sin tener que pedir un solo centavo a nuestros padres, logramos juntar el dinero necesario para hacer el viaje. Lo único que ahora nos faltaba era esperar las vacaciones de primavera para irnos a Guadalajara.

Una noche antes de salir, preparé mi maleta con ayuda de mi mamá. Mientras acomodábamos la ropa, me miró con nostalgia y una sonrisa envuelta en melancolía.

—¿Qué te pasa, mamá?

—Es la primera vez que te vas solito tan lejos… No me hagas caso m'hijo, estoy contenta.

—¿Y entonces por qué lloras? —le dije mientras la abrazaba.

—Ya eres mayorcito, pronto crecerás, tendrás tu propia familia y eso duele, pero es parte de la vida.

No supe qué decirle a mi mamá. Esa fue una de las pocas veces que me he quedado sin palabras; así que la miré mientras ella limpiaba sus lágrimas con la manga de la blusa, sonreí y le acaricié el cabello: "Jamás me voy a apartar de ustedes, te lo prometo", le dije, y seguimos preparando la maleta.

Muy temprano al día siguiente, mi papá me llevó al colegio Fremont, en donde nos reuniríamos mis compañeros y la señora Bello. Ahí esperamos hasta que arribó el autobús que nos trasladaría hasta Guadalajara. Entusiasmados, lo abordamos y nos despedimos de nuestras familias.

Me senté junto a la ventanilla para ver cómo nos alejábamos cada vez más y más de Stockton. Me gustaba ver la carretera y el cambio de escenario frente a mí a medida que se ocultaba el sol. Lo único en que podía pensar era tratar este viaje como una aventura donde yo era un explorador que iba a tierras desconocidas. Después de todo, cuando era más chico, durante nuestros viajes a México, soñar despierto en mundos diferentes era algo que hacía con regularidad. El cielo era fascinante, quería estar un día ahí arriba entre los astros que lo decoraban de forma tan magistral. Era habitual que soñara despierto, que volara a mundos que ni siquiera conocía en la ficción.

En un día llegamos a la frontera con México…

—Muchachos, vamos a bajar del autobús; hay revisión y tenemos que documentarnos antes de continuar a Guadalajara —nos pidió la señora Bello.

Luego de hacer pausas en las ciudades de Tijuana, Hermosillo, Empalme y Mazatlán para descansar, ir al baño y comer, por fin, tras dos días de viaje, llegamos a nuestro destino. Estábamos felices, pero el cansancio aplacaba el ánimo a quienes no estaban acostumbrados a tales trayectos. En mi caso, resultaba normal, puesto que durante años viajé a La Piedad.

Llegamos a la casa de asistencia para niños invidentes. Su fachada desentonaba con la bella arquitectura de los edificios a su alrededor. En el lugar había un aire de abandono que ponía en evidencia las condiciones en las que se encontraban los chicos que eran atendidos allí. De pronto, sentí angustia, como si algo me oprimiera el pecho, y entristecí. Yo pensaba que no era justo para esos niños vivir lejos de sus familias, incapaces de experimentar el mundo exterior, viviendo una vida normal, como todos.

Las maestras y los estudiantes nos recibieron con los brazos abiertos haciéndonos sentir como en casa, aun con sus recursos limitados. Intentaban dar una buena impresión a los "gringuitos" que con tanta gentileza los habían ido a visitar.

Uno de los niños llamó mucho mi atención. Mientras los demás estaban sentados escuchando a mis compañeros de clase, riendo por el español que intentaban pronunciar, él se encontraba en una esquina del salón principal, pensativo, solo.

—¿Cómo te llamas? —me acerqué a preguntarle.

—José —me respondió.

—¡Te llamas como yo!

—¿De verdad? ¿De dónde eres?

—Nací en California, Estados Unidos. ¿Y tú?

—Yo soy de aquí.

—¿Y tus papás?

—No sé mucho de ellos, vienen poco a visitarme.

—¿Tienes amigos?

—Casi no; mis compañeros hablan muy poco.

—¿Y qué es lo que haces cuando no tienes clases?

—Nada, solo esperar la visita de mis papás.

Sentí una gran tristeza.

—¡Pero ahora ya tienes un nuevo amigo que se llama como tú!

En ese instante pasaron miles de cosas por mi cabeza. ¿Qué se sentirá vivir tan abandonado por tu familia? No ver, no tener una palabra de consuelo cuando estás triste, no ser libre para salir a la calle y respirar el aire fresco de la ciudad. ¿Qué se sentirá no poder contemplar las noches transparentes en que las estrellas hacen su aparición para iluminar la oscuridad? Le di una palmada en el hombro y, en respuesta, él sonrió. Con un gesto tan simple, José era feliz.

Los días que pasamos juntos aprendí mucho, y además tuve la oportunidad de vislumbrar una ciudad distinta al lado de un compañero que jamás imaginé conocer. Le pedí a la señora Bello que me permitiera llevarlo de paseo por las calles cercanas y, luego de consultarlo con la directora de la casa, accedió.

—Hace mucho que no salgo a la calle, siento el sol en mi cara. Es el sol, ¿verdad?

—Sí José, es el sol de marzo; es primavera.

—Perdí la vista cuando tenía tres años, pero todavía puedo acordarme de los árboles, de las nubes y del sol.

—¿Y de las estrellas?

—¡De ellas más que nada!... Me gustaba mucho verlas. Mi mamá me decía cómo se llamaban y que cada uno de nosotros tenemos nuestra propia estrella de los deseos.

—¿Te puedo confiar algo? —titubeé antes de hablarle de mi sueño—. Algún día voy a alcanzarlas, estaré cerca de ellas y vendré aquí a decirte cómo son.

—¿De verdad?, ¿piensas regresar?

—Sí, te lo prometo.

Mis compañeros de clase, la señora Bello y yo volvimos a Guadalajara al año siguiente. Era claro que, ya que habíamos disfrutado y aprendido tanto de la experiencia, la maestra iba a hacer de éste un peregrinaje anual para sus mejores estudiantes de la clase de español. Así que regresamos a la casa hogar por petición de todos los compañeros. Ahorré algo de dinero para comprarles radios de transistores a los niños a fin de que tuvieran un entretenimiento durante sus horas de descanso. Busqué a José y nadie supo decirme bien a bien qué había ocurrido con él, pero me dijeron que había muerto a causa del mismo tumor que le robó la vista.

Tomé el radio que iba a darle y lo puse en el pequeño buró que estaba al lado de su cama, lo prendí y me fui, sin importarme quién sería su nuevo dueño. El resto del viaje fue borroso, ya que solo pude pensar en cómo habrá sufrido José…

—Cuando vayas a la universidad vas a ver que todo lo que he dicho es poco —me dijo la señora Bello.

—Sí, me gustaría mucho ser un profesional, mi mamá también quiere eso, que sea un licenciado, algo así.

—Y tú, José, ¿qué quieres ser?

—Astronauta —por primera vez, titubeante, compartí el sueño. La señora Bello fue la primera persona fuera de mi familia a quien se lo dije.

—¿Astronauta?, ¿y por qué quieres ser astronauta?

—Cada vez que voy al campo a trabajar y veo para arriba, sueño con volar, no como los aviones, más alto que ellos. Me gustan mucho las estrellas y quiero saber más del universo. Estoy loco, ¿verdad, maestra?

—————

—No, claro que no, José, si quieres ser astronauta, entonces es lo que vas a ser de grande, no lo dudes.

—————

—Pero mi familia es pobre y no van a poder pagar la universidad, tampoco quiero que mis papás se sacrifiquen todavía más —dije desilusionado.
—Entonces desde ahorita échale muchas ganas a la escuela, para que puedas obtener una beca para seguir estudiando. ¿Ves cómo siempre hay opciones?
¿Opciones? Esas no existen en el mundo del que provengo. No había más que supervivencia. Todos los días despertábamos con la noticia de un robo, una pelea de pandillas y, a veces, hasta con la de un asesinato. Algunos de los incidentes a veces eran orquestados por mis propios amigos, pero yo logré mantenerme al margen de lo que presenciaba. Lo que siempre me mantuvo lejos de todo aquello fueron las expectativas de mis padres, quienes siempre supieron que sus hijos irían a la universidad para realizar sus sueños de convertirse en profesionales.

—————

Una firme creencia, la escuela, las ganas de trabajar, la perseverancia y tener una meta clara y una buena educación, forman la receta del éxito.

—————

Ahora reflexiono acerca de esta receta del éxito, que por primera vez compartieron conmigo cuando les dije que quería ser astronauta, y estoy convencido de que eso fue lo que me dio fuerzas para confiar en mí mismo. Mis padres creyeron en mí y esto, en mi mundo simple, me llevó a pensar que podía convertirme en astronauta. En esencia, con su receta, me dieron la "licencia para soñar". (Sinceramente creo que si mis padres hubieran ido a la universidad, habrían sido excelentes psicólogos, ya que fueron estupendos motivadores.)
Recuerdo un incidente específico que probó mi honestidad fuera de la escuela.
—Mira, papá, lo que me encontré: es una cartera.
—¿De quién es, m'hijo?

—No sé, no la he abierto. Pero a ver… David Stone, vive en Oakland, dice aquí en su credencial; también tiene otros papeles y, ¡guau! 400 dólares.

—¿Y qué piensas hacer?

—Vamos a dejársela a su casa, papá, la ha de necesitar.

—¿Hasta allá?, ¿no tiene algún teléfono?

—No, papá; ándale, vamos a dejarle la cartera, ha de estar angustiado el pobre hombre. Es mucho dinero y seguro que lo ha de necesitar.

Para ser honesto, jamás pasó por mi mente quedarme con la cartera, a pesar de que ese dinero podría ser de gran ayuda para mis papás, que vivían todo el tiempo en una situación económica ajustada. Pero era una pertenencia ajena y si tenía la posibilidad de devolverla, era necesario que hiciera caso a mi conciencia.

Sonriente por la buena acción del más pequeño de sus hijos, mi papá me llevó a Oakland. Me contó chistes en el camino, y aunque algunos no fueron graciosos, me eché a reír con cortesía. Además compartió conmigo algunas otras anécdotas de su vida. Una de las conversaciones más significativas de mis años de adolescencia también tuvo lugar durante el viaje para devolver la cartera perdida.

—Me da mucho gusto que te estés convirtiendo en un hombre de bien, que seas tan honesto y tan responsable, Pepe.

—Papá, tengo muchos sueños y mucha ilusión de salir adelante, de lograr que tú y mi mamá dejen de trabajar tanto.

—Eres muy bueno, m'hijo. ¿Sabes una cosa?, cada vez que llegas a la casa con una felicitación de los maestros por tus calificaciones, le digo a tu mamá: *"Pos*, ¿cómo le habremos hecho para tener un muchacho tan listo? Míranos, somos campesinos, apenas y sabemos leer y escribir, y él tan estudioso".

—Aye, papá, no es para tanto.

—Sí, m'hijo, sí lo es, y cuando seas un profesional, licenciado, médico, ingeniero o lo que tú quieras ser, yo me voy a realizar.

—No te voy a fallar, papá, vas a ver… quiero estudiar para convertirme en un ingeniero.

—¡Ingeniero!, ah caray. No pues sí, de que puedes, claro que puedes. Entonces échale ganas a las matemáticas. Tus hermanos también quieren ser ingenieros, me salieron muy "abusados".

—Sí, papá.

Tenía plena confianza en no defraudarlo a pesar de las influencias del barrio. Me di cuenta de que esa era una responsabilidad conmigo mismo y con ellos, que habían hecho tanto para que tuviera educación y un futuro. Les debo mucho a mis padres por sacrificarse tanto para que mis hermanos y yo pudiéramos perseguir nuestros sueños en un país que permitía a la gente de raíces humildes alcanzarlos.

Cuando al fin llegamos a Oakland, a la casa del señor David Stone, él nos confió que tenía 50 años y que jamás hubiera imaginado el motivo por el que nosotros tocábamos su puerta.

—¡Pero esa es mi cartera!; la había perdido —dijo sorprendido.

—Sí, señor, pero yo la encontré y como estaba su dirección, aquí está —le respondí orgulloso de mi acción.

—Muchísimas gracias, eres un jovencito muy honesto. Este dinero es muy importante para mí, sin él no hubiera podido completar la renta.

—Mi hijo se la encontró cuando iba de la escuela a la casa y me pidió que viniéramos hasta aquí —aseguró mi padre.

—Se lo agradezco, y a cambio de tu buena acción toma 20 dólares para ti.

—¡20 dólares!, muchas gracias señor.

Esa fue una lección importante: la honestidad siempre tiene su recompensa…

La secundaria es fundamental para muchos estudiantes, incluyéndome. Me di cuenta de que era el momento en que estábamos tomando las decisiones más importantes de nuestras vidas con respecto al futuro de nuestra educación. Me quedaba claro que mis amigos del vecindario, Sergio, Alberto y Carlos, no iban a tratar de obtener un certificado de preparatoria, mucho menos una educación universitaria. A mí, por otro lado, me había dicho mi mamá —o, en cierto sentido, programado—, que la universidad era una expectativa, no una esperanza. Tuve a dos grandes maestros en la secundaria que reforzaron la perspectiva de mamá.

El primero fue mi profesor de matemáticas, Mr. Dave Ellis. Al ver mis habilidades en matemáticas, el maestro Ellis de inmediato me movió a clases de álgebra y geometría avanzadas. Para el tiempo en que estaba en noveno grado, un pequeño grupo de seis de sus alumnos teníamos clases intensivas de matemáticas. El profesor sugirió formar una clase de cálculo donde nos darían una introducción a las matemáticas avanzadas que se llevaban en preparatoria.

————————

La segunda fue la señora Bello, quien me enseñó la importancia de aceptar mi cultura y reforzar las creencias de mis padres de que los atajos en la vida no existen y que el trabajo duro era la clave para el éxito.   ————————

Comencé mi primer año de preparatoria en la Franklin Senior High School al este de Stockton. En esa época, Franklin era una de las escuelas más difíciles en Stockton, con un delicado equilibrio de estudiantes caucásicos, latinos y afroamericanos. Quizá lo que me hizo sentir bien fue que varios maestros de Fremont Junior High fueron transferidos a Franklin. Justamente entre ellos estaban la señora Bello y el señor Ellis. También me sentí bien por el hecho de que mi hermana Lety fuera estudiante de tercer año y mi hermano Gil de segundo, cuando entré ahí. Recuerdo que al principio me juntaba con ellos durante el lunch porque me ofrecían protección de los estudiantes más grandes que tenían como prioridad molestar a los recién llegados. Por cierto, matemáticas, mi mejor amiga, siguió siendo mi materia más fuerte, ya que mantuve buenas calificaciones durante mis cuatro años en la preparatoria.

Ese primer año de estudios fue muy significativo para mí; al final encontré en los libros toda la identidad y el sentido de pertenencia que tanto buscaba, gracias a una clase impartida por un mexicano-americano de nombre Salvador Zendejas. La materia: Historia.

"Comenzó en 1776, la Guerra de Independencia que propició la creación de lo que hoy es Estados Unidos..." Era fascinante conocer las raíces del país donde vivía, pero me sentía incompleto porque mis orígenes eran mexicanos y poco se hablaba de mi historia en el salón. Intrigado, me acerqué al profesor Zendejas al final de una de sus clases.

—Profesor, ¿lo interrumpo?

—Voy a calificar unos exámenes, pero dime, José, ¿qué pasa?

—Pues no sé cómo explicarlo, pero de seguro a usted alguna vez le habrá inquietado lo que voy a preguntarle, porque como yo, también es mexicano.

—A ver, continúa.

—Yo casi no sé sobre historia de México, claro, sé lo básico, lo de los aztecas, los mayas y algo de la Independencia pero, ¿qué más hay?

—Te comprendo. Y es muy bueno que quieras saber más de México. Seguramente alguna vez pensaste: "Pero si yo no soy de aquí y tampoco de allá", y sientes que no tienes una raíz verdadera. José, tienes toda la razón, la respuesta está en la historia, solo te pido que en lugar de avergonzarte de tus ancestros mexicanos, de tu cultura y tus tradiciones, te sientas orgulloso, y algo más: eres afortunado, ¿sabes por qué?, porque tú no tienes una, sino dos naciones y puedes aprovechar lo mejor de cada una.

El profesor Zendejas enseñaba historia como si estuviera narrando una aventura, así que la hacía muy interesante. En mis años de escuela posteriores me ayudó a escribir mis ensayos y a llenar las solicitudes para ingresar a la universidad.

El maestro me recomendó unos libros de historia de México. Leí acerca de los aztecas y su dominio antes de la conquista; de cómo los mayas eran grandes científicos que inventaron el "cero" en matemáticas y tenían gran interés en la astronomía; de Miguel Hidalgo, la Revolución, la Reforma, y en cada uno de los pasajes había grandes hombres y mujeres que lucharon con valentía por el futuro de México. Había páginas y páginas que describían sus acciones, y también encontré páginas con murales de José Clemente Orozco que representaba esas batallas, y parecía traer esos momentos a la vida en sus pinturas; una de ellas, la misma pintura que vi en los edificios de gobierno en Guadalajara durante nuestros viajes a México con la señora Bello.

Empecé a comprender el sacrificio que habían hecho mis ancestros para que pudiéramos gozar de los beneficios de la simple palabra "libertad". Después de aprender de la rica historia de mi país de origen y de los hombres y mujeres que pelearon por él, estaba orgulloso de decir que parte de mí pertenecía a esa nación. Después de eso, ya no me avergonzaba comer tacos durante el lunch o de hablar español en público.

Estaba orgulloso de ser un mexicano-americano, latino, chicano, bato o como sea que la sociedad quisiera etiquetarme. Todo lo que sabía era que tenía la oportunidad única de vivir en un ambiente de dos culturas y que estaba determinado a utilizar las mejores partes de cada una para mi beneficio. Y con esa nueva percepción de mi origen, pude crecer feliz, orgulloso y, como siempre, salir adelante con el apoyo de mi familia.

Cuando cursaba el penúltimo curso de la secundaria, a los 16 años, hubo elecciones para el nuevo presidente del cuerpo estudiantil. Quien fuera elegido, tendría la responsabilidad de representar a todos los estudiantes cuando llegara el momento de tomar decisiones importantes en varios aspectos que afectarían a la escuela como unidad. La señora Felton, la maestra encargada de los asuntos estudiantiles, quien era afroamericana y una mujer bastante autoritaria, un día hizo un anuncio en clase:

—Jóvenes, hoy comienza la postulación para seleccionar al nuevo presidente del cuerpo estudiantil. Recuerden que quien esté interesado en ocupar el cargo debe llenar este formato y dejarlo en la Dirección.

—¿Cuándo son las votaciones? —cuestionó uno de los estudiantes.

—El mes próximo, así que dense prisa para decidir si quieren inscribirse o no.

El compañero sentado atrás de mí tocó mi hombro y me dijo:

—José, tú serías muy bueno para eso. Deberías postularte.

Durante la tarde reflexioné sobre lo ocurrido por la mañana en la escuela: "¿Tengo con qué?, ¿será posible que yo pueda ser el presidente? Ese cargo nunca ha sido de un estudiante latino, ¿qué me hace pensar que esta vez será distinto?". Con eso en mente pasaron los minutos, cientos de ellos… Era extraño pensar que alguien me tomara en cuenta para ocupar ese puesto. Tuve dudas, incluso miedo, pero al fin lo decidí.

Cuando terminó la clase, fui con uno de mis profesores favoritos y le dije:

—Mr. Ellis, quiero ser presidente del cuerpo estudiantil.

—Muy bien, José, dame tu formato y comienza a planear tu propuesta y tu campaña.

Siempre supe que quería ser un líder y ésta era la oportunidad ideal para probarme a mí mismo. Sabía a la perfección que no iba a ser fácil para mí como latino en una preparatoria donde las peleas étnicas comenzaban a ser la norma; no ayudaba que tales peleas se mostraran de forma sensacionalista y se caracterizaran como disturbios en nuestro periódico local.

Inicié mi campaña y comencé a trabajar durante las horas de descanso: "¡Nosotros vamos a trabajar para que las condiciones de la escuela sean mejores para todos!". "¡Éstas son nuestras propuestas, voten por José Hernández para presidente del cuerpo estudiantil!". "¡Voten por un cambio!".

Los otros candidatos no creían que yo tuviera oportunidad de ganar, pero pronto comenzaron a notar que mi popularidad crecía. De manera misteriosa, los pósters de mi campaña comenzaron a desaparecer. No desistí, ya que mis amigos y yo creábamos unos nuevos casi tan rápido como los oponentes los quitaban.

Un día, sentado en una mesa dando la espalda a otra mesa, pude escuchar una conversación particular, y el tema eran las elecciones del cuerpo estudiantil y cómo pensaban que un "frijolero" no debía ser elegido como presidente del cuerpo estudiantil. Cuando volteé con cuidado para que no me vieran, noté que los comentarios venían de compañeros de clase que yo consideraba mis amigos y que apoyaban mi campaña. Por fuera, era inmune a las palabras crueles que salían de las bocas de mis compañeros; por dentro, no era así, pero únicamente me permitía sentir pena por mí mismo cuando estaba solo. Era doloroso pensar que me veían como inferior a ellos. No podía creer que el dicho, "Todos somos iguales" que mi padre siempre me mencionaba, no era una visión en la que creyeran mis propios amigos. En ese momento me vino a la mente un consejo que me había dado mi mamá. Me dijo que cuando nos cruzáramos con gente a la que no le agradáramos, deberíamos "matarlos con amor", y que al final verían la luz y se darían cuenta de que somos grandes seres humanos. De alguna forma recordar eso me hizo sentir mejor.

—¿Te sientes bien? —me preguntó la señora Bello al verme caminando por el pasillo.

—Sí, maestra, ¿por qué?

—Te veo un poco descompuesto y hasta serio; tú no eres así. Es por la elección, ¿verdad? Parece que algo te está molestando, ¿es la campaña?

—¿Por qué son tan crueles? —le dije.

—¿Quiénes? ¿Los gringuitos?

—Sí. No les hice nada.

—Lo sé, lo sé.

La señora Bello me dio un fuerte abrazo que hizo que sacara todos mis sentimientos reprimidos.

—José, mírame. Si fueras otro, te diría que si esto te afecta, renuncies; pero se trata de ti, quieres ser astronauta, ¿no es verdad?

—Sí.

—¿Y crees que va a ser fácil que lo logres?

No supe qué contestarle porque en ese momento en verdad no lo sabía.

—No, m'hijo, el camino va a ser bien complicado y lo que menos necesitas es aprender a renunciar. No hagas caso de lo que te dicen y te hacen; el color de tu piel no tiene nada que ver con tu personalidad ni con tu inteligencia, así que mucho ánimo y sigue luchando, que vas muy bien.

Durante un par de minutos guardé silencio, mirando con fijeza por la ventana, vi las nubes, el cielo azul y un ave que lo cruzaba con vigor... Entonces todo tuvo sentido, no podía rendirme, ellos eran quienes sentían miedo porque sabían que podía ganar; por eso las ofensas, por eso intentaban sobajarme, pero era demasiado tarde: el despegue había iniciado.

Continué mi campaña, y mientras más y más estudiantes veían mi determinación, me prometían sus votos. La mañana de la elección corrió el rumor de que la elección irónicamente iba a estar entre Tiffany Smith, una compañera afroamericana, y yo. El otro candidato se había dormido en sus laureles de popularidad y no había hecho campaña activa, por lo que ahora era considerado una opción remota.

Llegó la hora de las votaciones. Las urnas se llenaron con las decisiones de los estudiantes de Franklin; después, una a una de las papeletas se contó ante los ojos de profesores y alumnos encargados de tan delicada responsabilidad.

Tiffany y yo estábamos nerviosos. Nos hallábamos a la expectativa con nuestro respectivo equipo de campaña en el salón contiguo a la dirección... y por fin, el resultado.

—¡Ganaste, José!, clamó Bertha, una de las observadoras y amiga mía.

—¿En serio? ¡No bromees!

—No bromeo, ganaste.

—José, eres el nuevo presidente del cuerpo estudiantil —dijo Mr. Ellis, mientras se acercaba a mí para felicitarme.

—Gracias, muchas gracias.

La decepción de Tiffany era visible. Recuerdo que me acerqué y le agradecí la competencia, recordando con esta acción las palabras de mi padre: "Es de hombres ser humilde"...

En 1980, al principio de una década y el año final de mis estudios en Franklin, fue momento de decidir qué y dónde estudiaría. La situación económica en casa había mejorado poco a poco, ya que mi mamá y hermanos habían encontrado trabajo mejor pagado en una fábrica de enlatados y conservas donde se elaboraba cátsup y coctel de frutas. Por su parte, papá empezó a manejar camiones que transportaban la materia prima —jitomates, duraznos, peras y cerezas— hacia la fábrica.

En esencia, mi familia estaba comenzando a vivir el sueño americano, ya que Chavita, Lety y Gil estudiaban en la universidad y se preparaban para un futuro aún mejor. Cuando tenía 13 años, mis padres mandaron a mi hermano Chava a Michoacán para estudiar ingeniería. Lety, que a los 19 años se casó con Gabriel, también de Michoacán, estaba estudiando contabilidad. Gil se hallaba en Tulsa, Oklahoma, estudiando para ser un técnico de armazones de aviones y centrales eléctricas. En cuanto a mí, no estaba exactamente seguro de qué tipo de grado de ingeniería quería perseguir en la universidad.

Mi sueño de la niñez de convertirme en astronauta todavía estaba en el fondo de mi mente. Pero, la verdad, tenía dudas de si sucedería, hasta que un día escuché en la radio una noticia:

Con mis hermanos. De arriba abajo en el sentido de las manecillas del reloj: Gil, Salvador y Leticia. La foto se tomó como un regalo para el Día de las Madres.

"Primer latino ingresa como candidato a astronauta a la NASA. *El costarricense Franklin Chang-Díaz cumple su sueño."*

El comentarista comenzó a hablar de los logros del doctor Franklin Chang y de todos los obstáculos que él tuvo que superar para convertirse en astronauta:

Nació en 1950 en San José, Costa Rica. Al concluir la secundaria sus padres lo mandaron a Estados Unidos a estudiar. Llegó con 50 dólares en el bolsillo, sin saber hablar inglés, pero con una maleta llena de esperanzas.

El comentarista continuó hablando:

Su familia en Costa Rica era humilde, pero deseaba que él se superara. Estudió la preparatoria y luego se hizo acreedor de una beca en la Universidad en Connecticut, donde, en 1973, se graduó como ingeniero mecánico, y cuatro años más tarde obtuvo el título de doctor en ingeniería nuclear por el Instituto Tecnológico de Massachusetts. Finalmente, logró ingresar a la NASA y es el primer latinoamericano en integrarse al cuerpo de astronautas.

Busqué todo lo que pude sobre este hombre, incluyendo su fotografía, y sentí mariposas en el estómago cuando me di cuenta de que estaba leyendo algo paralelo a lo que había previsto para mí. Yo tenía 16 años, y en un sentido estaba celoso; pero era un tipo de celo sano. El doctor Chang-Díaz era un migrante y venía de orígenes humildes como yo, hablaba inglés con un acento como el mío, y lo más importante, ¡lucía como yo! Si alguien más con educación similar tenía la misma meta de vida que yo, y fue capaz de alcanzarla, ¿entonces por qué yo no? En ese momento me desafié y me hice la promesa de que haría todo lo que estuviera dentro de mis capacidades para algún día también ser seleccionado como astronauta de la NASA.

Mi inspiración, el primer astronauta latinoamericano elegido por la NASA: el doctor Franklin Chang-Díaz. Resultó electo cuando cursaba el último año de preparatoria. Fue entonces cuando me prometí a mí mismo hacer todo lo posible para que la NASA me seleccionara como astronauta.

Al día siguiente, en la preparatoria, las cosas siguieron su curso; sin embargo, estaba más optimista en cuanto a lo que me deparaba el destino. Seguía atendiendo las clases como siempre, pero ahora con la idea de que mi esfuerzo forjaba un futuro mucho más alto del que cualquiera pudiera imaginar. Un futuro que llegaba más allá del propio planeta.

Destaqué en todas las materias, en especial en matemáticas y ciencias. Mis calificaciones eran excelentes y la universidad era mi siguiente parada. Por ello, comencé a investigar diferentes programas de ingeniería en varias universidades locales. Al hacerlo, llegué a confirmar lo que ya sospechaba, que el costo de asistir a la universidad era extremadamente alto, lo que hizo que comenzara a buscar becas.

—Maestra Bello, necesito un consejo —le dije un día al terminar la clase, justo cuando borraba el pizarrón—. Quiero entrar a la universidad y...

—¡Por supuesto que vas a entrar! —me interrumpió mientras sacudía el gis que se había impregnado en sus manos.

—Sí, pero no sé cómo hacer para solicitar una beca, quiero ser ingeniero.

Para ese momento, ya había decidido que quería estudiar lo que consideraba el tipo más difícil de ingeniería: ingeniería eléctrica, lo que compartí con ella.

—Muy bien, José, es una carrera muy buena, además muchos astronautas son ingenieros mecánicos o eléctricos —me dijo la señora Bello.

—No ha olvidado nuestra plática...

—No, José, hace tiempo que me lo dijiste. Hablamos solo una vez de eso, pero no lo olvidé, porque sé que lo piensas muy en serio. Veamos cómo le vamos a hacer para que obtengas una beca.

La maestra Bello, quien ahora impartía clases de ciencias, tomó muy en serio su función y me ayudó a realizar el papeleo. También recibí ayuda de Salvador Zendejas, mi maestro de historia. Él me ayudó a analizar las opciones que tenía a mi alrededor, a elegir la carrera que mejor iba con mi perfil académico y a realizar los trámites de inscripción. En verdad fue un gran apoyo.

Años antes, me había ayudado a apreciar y aceptar mi cultura mexicana, y ahora me estaba ayudando a investigar varios programas de ingeniería que encajaran mejor conmigo; también me auxilió con mis solicitudes para las universidades y revisó mis ensayos que anexaba a cada solicitud donde explicaba "por qué quería asistir a esa escuela particular". Honestamente, no sé cómo lo hubiera hecho sin la guía de estos dos grandes maestros, junto con mi maestro de matemáticas, Dave Ellis.

El transcurso del tiempo no fue impedimento para seguir el contacto posterior con mis maestros y compañeros, pero con el profesor Zendejas fue diferente. Jamás le agradecí todo lo que significó su ayuda, lo dejé de ver y, siendo sincero, no me tomé la molestia de saber más sobre él. Años más tarde me enteré de que un accidente automovilístico le arrebató la vida. No pude evitar sentirme terriblemente mal. A cambio, tuve una gran enseñanza:

———————

"Jamás dejes de agradecer lo que los demás hacen por ti, porque después puede ser demasiado tarde".

———————

Tras ser aceptado en varias universidades, elegí ir a la University of the Pacific, que se ubica en la ciudad de Stockton, por tres razones: tenía un programa sólido de ingeniería, me ofrecía una gran beca, y podía vivir en casa ahorrando así los costos de una vivienda. La beca provenía del Community Involvement Program, o programa CIP, como nos referimos a él. Este programa, que todavía existe en Pacific, está diseñado para ayudar a los estudiantes del área a asistir a la Universidad Pacific, al brindar ayuda financiera hasta para 90% de la matrícula. Esto, junto con el hecho de que todavía viviría en casa, hizo que Pacific fuera mi mejor opción.

Recuerdo cuando le di a mamá una noticia especial:

—¡Mamá!, me llegó la carta de aceptación, voy a ser ingeniero —dije mientras ella lavaba los trastes en la cocina.

—¿Qué?, ¡espera! —respondió sonriente mientras la abrazaba. El plato que enjuagaba se le cayó al piso, pero no le importó.

—¡Salvador, nuestro hijo será universitario, ya nos lo aceptaron!

Mi padre salió de su habitación al oír la noticia que esperó durante más de 17 años. Sintió como si la misión más grande de su vida se estuviera cumpliendo; sus cuatro hijos habían conseguido encaminar su vida hacia el éxito profesional. El más pequeño de ellos ya tenía asegurado su pase a la universidad.

—M'hijo, ahora todo depende de ti, de las ganas que le eches, ya eres un hombre y tienes que luchar más, porque la vida comienza para ti. Yo siempre fui un campesino, pero tú no lo serás.

—Papá, eres más que un campesino, eres un gran ser humano, eres mi ejemplo y siempre serás el hombre más grande que he conocido —esas palabras terminaron de resquebrajar sus emociones y terminó por abrazarme.

—Tú sí que eres mi ejemplo —remató él.

Cuando mis cuatro años en Franklin estaban por concluir, no pude evitar sentir nostalgia al darme cuenta de que ya no serviría a mis compañeros como su presidente del cuerpo estudiantil. Eso también significaba que Mr. Ellis, Mr. Zendejas y Mrs. Bello ya no serían mis maestros. Mientras recorría el pasillo, días antes de la graduación, me detuve y me percaté de algo: la vida está hecha de diferentes épocas, que llevan a otras más grandes y mejores.

—¿Qué tanto piensas, José? —me cuestionó mi amigo Carlos mientras se acercaba.

—Pues que ya no vamos a estudiar aquí. Faltan solo cinco días para la graduación.

—¡Bendito Dios que ya nos vamos a librar de los sermones!

—¿Y ahora, qué vas a hacer? —le pregunté.

—Nada, supongo que conseguir un trabajo. Mi hermano me va a colocar en algo bueno.

—¿Solo eso? ¿No piensas estudiar?

—Mejor te voy a decir "mamá", José. Ya sabes lo que pienso de la escuela —me dijo mientras volteaba los ojos en actitud de hastío.

—Piénsalo bien, es tu futuro.

—Mejor vámonos a la casa, deja de pensar tanto en el futuro.

Años más tarde, después de ir por caminos separados, me enteré de que, en efecto, no continuó su educación y estuvo en trabajos raros aquí y allá. Por desgracia, para su hermano Alberto no hubo un futuro. Las drogas fueron cavando de manera lenta y sigilosa su tumba; encontraron su cuerpo en el departamento que habitó los últimos años de su vida y la autopsia reveló que había fallecido a causa de una sobredosis de cocaína. A Sergio tampoco lo acompañó la fortuna: los vecinos del barrio lo encontraron en el parque colgando de la rama de un árbol. Nadie sabe con certeza qué es lo que ocurrió, unos dicen que fue suicidio, otros que se trató de un homicidio, pero no hubo quien se atreviera a indagar y tal vez fue mejor así.

No eran malos chicos. A pesar de su rudeza estaban indefensos, lo único que necesitaban era sentirse amados, ser orientados y que alguien les infundiera seguridad en ellos mismos. No merecían el final que les deparó la vida, pero sin un consejo adulto, no tenían otro destino que la muerte, y eso me llenó de impotencia. Cuando supe de su fallecimiento, me di cuenta de que pude haber hecho algo por ellos, pero como sea, yo era muy joven para poder apoyarlos en sus problemas.

No puedo evitar pensar cuál podría haber sido mi futuro cuando me veo en las fotografías junto a mis amigos de la adolescencia, posando ante la cámara con gesto retador y los brazos cruzados, la mirada altiva; vestidos con pantalones y playeras holgadas. Ahí estaba yo en medio de los tres, intentando imitarlos, recargados en mi automóvil, un Chevrolet Impala 1964 negro, arreglado al estilo "achaparrado"; ese que fue testigo de nuestras locuras, de nuestras risas, de los coqueteos y de las veces que arriesgamos la vida durante los enfrentamientos con la pandilla adversaria… Cuando miro esa foto, siempre doy gracias a Dios por la vida que no tuve y por la fortuna de haber logrado esquivar las situaciones más peligrosas del que fuera mi barrio.

Desearía tener la oportunidad de regresar en el tiempo para ayudar a Alberto, Sergio y Carlos a tomar las decisiones correctas. Por desgracia, no me es posible. Lo único que puedo hacer por ellos ahora es honrar su memoria en este libro.

El día de la graduación, ataviado con toga y birrete color verde olivo, me formé con mis demás compañeros para recibir mi diploma. Lo que pasaba por mi mente era muy contradictorio: sentía alegría y al mismo tiempo tristeza. En verdad fue difícil hacerme a la idea de que había terminado mi ciclo en Franklin y que debía prepararme para afrontar mi realidad y cumplir mi ilusión.

Mis padres y mis hermanos estaban ahí sentados, esperando que el maestro de ceremonias pronunciara mi nombre para aplaudir con júbilo. Vi a mis padres: ya no eran los mismos que nos llevaban a trabajar y aguantaban las duras jornadas en el campo. Sus cuerpos se tornaban endebles, cansados por el tiempo. También vi a mis hermanos: ya no eran unos jóvenes. Gilberto tenía 19 años, Chavita estaba por terminar sus estudios en la Universidad San Nicolás de Hidalgo de Morelia, capital de Michoacán, y Leticia tenía dos hijos con su esposo Gabriel. Mi cuñado, quien también era de Ticuítaco y campesino, había estudiado mecánica y trabajaba en Stockton. Lo más sorprendente es que su preparación la hizo siendo adulto y casado; sin duda se ganó mi respeto. Es otra historia de superación.

Luego de la ceremonia, vinieron las fotografías obligadas, "las del recuerdo", con mis padres, mis hermanos y mis tíos; luego, los abrazos y la despedida de los compañeros de clase y de los maestros. La señora Sylvia Bello se acercó a mi madre:

—La felicito, tiene un hijo extraordinario.

—Muchas gracias —mi madre se sonrojó al escuchar esas palabras—. A veces no me explico cómo le hicimos para tener un hijo tan "abusado".

—Eso no lo piense, porque viéndolo a él, uno se da cuenta de que hicieron todo bien.

Después de eso, mi mamá no pudo evitar sentirse orgullosa. La mirada en su rostro tras ver cómo se alejaba la señora Bello hizo mi día de graduación aún más especial.

Ingresé a la Universidad Pacific en aquel otoño. No pasó mucho antes de que necesitara un trabajo para pagar los libros de texto que requería en mis clases. Por ello, conseguí trabajo en un restaurante mexicano como ayudante de mesero. Trabajar turnos dobles se volvió normal para mí, así como lidiar con los clientes groseros que pensaban que tenían el derecho de tratar mal a los empleados con tez morena. Perdí la cuenta de las veces que quise renunciar, pero no lo hice tras aprender a ignorar su comportamiento.

Unas semanas antes de entrar a clases, decidimos ir a La Piedad a visitar a mis abuelitos y darles la noticia de mi ingreso a la universidad. De nuevo tuve la oportunidad de ver aquel cielo límpido que no se mira en ninguna otra parte del mundo.

Todas las mañanas, tardes y noches de ese viaje me transportaban a mi niñez. Era como si en el pueblo se hubiera detenido el tiempo, pero el cabello gris de mis abuelos me recordaba que el tiempo no perdona.

Parece que fue ayer… Todas las noches mi abuela materna, Chayito, me daba las buenas noches con un beso en la frente cuando me quedaba en el rancho de Ticuítaco; esa costumbre sobrevivió a mi carácter adolescente, cuando ya nos sentimos "muy grandes para arrumacos". Me gustaba sentir sus labios tibios y su respiración cerca de mí. Disfrutaba de ese mimo y del breve arrullo de sus palabras cuando me decía: "Que descanses, Pepito". Luego, en las primeras horas del día, mi familia y yo desayunábamos atole y tamales para después descansar un rato en el mirador de la presa de Ticuítaco, esa que me hizo soñar despierto tantas veces junto a mi abuelo José, con quien en muchas ocasiones fui a cazar estrellas durante las primeras horas de la noche.

Durante una de esas tardes, no pude dejar de pensar en lo que sería mi vida de ahora en adelante. Mi hermana ya estaba casada y Chavita estaba a punto de titularse como ingeniero en Morelia; Gilberto estaba estudiando para ser piloto y yo a punto de entrar a la universidad. Tenía la cabeza invadida de preguntas, dudas, temores y entusiasmo… ¡Qué contrariado estaba! Con los codos en las rodillas y la cabeza apoyada en las palmas de las manos permanecí durante un largo, largo rato, mirando cómo a lo lejos se mezclaban el cielo y el agua de la presa.

Pero, ¿qué me estaba pasando?, ¡estaba tan decidido a ser astronauta! Y de pronto tenía miedo y muchas dudas. En ese instante recordé a Carlos y su teoría sobre las pocas oportunidades que tenemos los latinos en Estados Unidos por la discriminación racial; recordé a la señora Sylvia Bello y a Mrs. Marlisse Young y sus palabras de aliento, los consejos de mi padre, las expectativas de mi madre, y no pude más: mis días transcurrieron en medio de una honda confusión...

Resultó que no era el único con una carga. La mirada en el rostro de mi padre me decía que había algo que lo molestaba. Por muchos años, había estado construyendo una casa en su tierra natal en La Piedad. En este viaje esperaba terminarla. Su preocupación era que estaba construyendo una casa para su familia y; sin embargo, estaba viendo a todos sus hijos ya crecidos. Mi capacidad para tomar decisiones importantes de vida se fortaleció cuando escuché una conversación entre mi padre y mi abuelo.

—Salvador, no te va a alcanzar para todo lo necesario, te falta mucho dinero —le decía mi abuelo a papá mientras reunían el material de la obra.

—Pues sí, apá, pero es todo lo que tengo por ahora. Pero vas a ver como poco a poco levantamos la casa.

—Te vas a tardar mucho m'hijo. Al paso que vas, la vamos a terminar como en cinco años.

—Pero de que terminamos la casa, la terminamos.

Le tomó a mi padre más de 10 años acabar de construir su casa soñada, la cual había diseñado él mismo. De hecho, había hecho con cartulina una maqueta de la casa antes de comenzar su construcción. Al final, la casa real lucía exactamente igual a esa maqueta, hecha años antes.

A partir de ese día en que vi toda su determinación, sus ojos encendidos y la seguridad de sus palabras, se convirtió para mí en mi héroe, el hombre más ejemplar que jamás he conocido. Estaba comprometido con su esfuerzo porque sabía bien que, al final, tendría su recompensa... Sin querer, en un minuto me enseñó mucho más sobre persistencia y valentía que todo lo que había aprendido a lo largo de mi vida.

No se pueden abandonar las obras que se han comenzado. Y en mi caso, los cimientos estaban colocados.

Para ser astronauta uno debe ser valiente y perseverante, pero también hay que serlo para enfrentar la vida, y con esa filosofía traté de vivir a partir de ese instante. Aprendí que es importante cumplir con los objetivos, pero éstos deben servir a los demás, porque como decía mi madre: "¿De qué sirve ser rico, feliz o exitoso si no eres capaz de compartir con los demás?". Mi familia, a pesar de los recursos limitados, no cesó de brindar ayuda.

Durante los momentos más complicados en México, tíos, primos y amigos se acercaron a mi padre para que les ayudara a legalizar su estancia en Estados Unidos y así poder trabajar en el campo. Era habitual que en casa hubiera parientes que hacían una "escala de manera temporal", mientras mejoraba su situación financiera. Papá sostuvo su ideología aún en los momentos más adversos: siempre se puede ayudar. Eso es lo bello de la vida: dejar huella.

Y yo quería dejar mi propia huella, una en la que los demás pudieran encontrar inspiración…

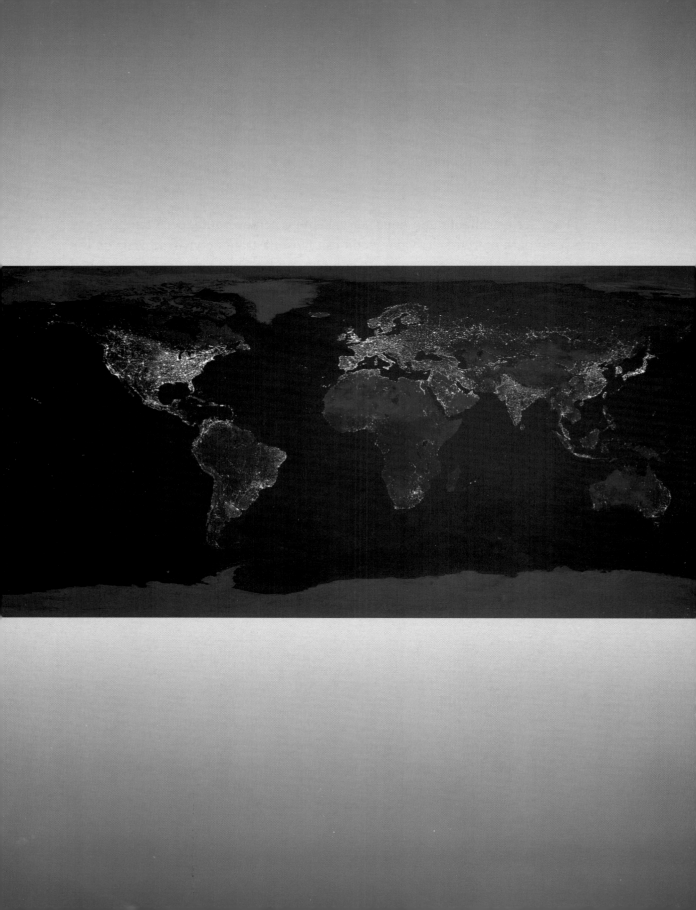

CAPÍTULO
4

Siguiendo mi sueño

◀ Luces de las ciudades de la Tierra.

> *La huella de un sueño no es menos real*
> *que la de una pisada.*
>
> Georges Duby (1919-1996),
> historiador francés.

En julio de 1980, durante mi clase de orientación en la Universidad Pacific, vi a lo lejos caminar por el campus a mi ex maestra, Sylvia Bello. Estaba allí asistiendo a una especie de clase de recertificación para profesores. En ese punto, me di cuenta de que era más que solo una antigua maestra de preparatoria; era como una segunda madre. Sus palabras de motivación y consejos siempre me dieron la seguridad extra que necesitaba para seguir adelante.

—Ya eres un hombre, José. Estás a punto de cumplir 18 años y a un paso de la universidad. Solo te pido que te cuides mucho, ya vas a tener más libertades y eso a veces nos desvía de nuestros objetivos. Yo también fui joven y sé de lo que te hablo.

—No, no, eso en serio que no me va a pasar.

—¿De verdad quieres ser astronauta?

—¡Con todas mis fuerzas! —respondí mientras veía sus ojos llenarse de lágrimas.

—Entonces lo serás… Pasarán los años y te convertirás en adulto, pero nunca, José, nunca dejes de soñar, porque sin los sueños, dejamos de estar vivos.

Nunca hubo un momento en el que dejara de soñar. Fue una de las lecciones que ella me enseñó. Cuando llegué a casa ese día, hice mi clásico ritual: mirar al cielo y soñar despierto.

◀ Imagen de la Burns Tower, University of the Pacific en Stockton, California.

Mi inquietud constante en cuanto a lo que me deparaían los siguientes cuatro años fue suficiente para mantenerme despierto casi toda la noche antes de mi primer día en la universidad. Recordé mi primer día en la escuela primaria cuando estaba entrando a un nuevo ambiente; fue la misma sensación otra vez, como si hubieran rebobinado la película de mi niñez, excepto que ahora lo estaba viviendo como adulto joven. Recordé entonces estar sentado sin hacer ruido en mi escritorio, y con miedo de hablarle a los otros o de presentarme. Iba a procurar ser más firme y me prometí cambiar la página ahora que comenzaba una nueva etapa de mi vida. Después, cuando di vuelta en mi cama, vi mis nuevos cuadernos llenos de hojas blancas, y eso me recordó que estaba empezando desde cero otra vez, pero que se iban a presentar nuevas oportunidades que llevarían a muchas otras posibilidades excitantes. Me quedé dormido con esos pensamientos en la mente.

El primer día de clases, me acuerdo que desperté mucho más temprano de lo necesario para llegar a tiempo. Me encontraba a unos 10 minutos de la universidad y mi primera clase era a las nueve de la mañana; a las siete, yo ya estaba de pie.

Alisté mis libretas, mi horario y, como un chiquillo, me cambié de ropa varias veces, hasta encontrar entre tantos montones de suéteres y pantalones apilados la combinación que a mi parecer resultaba perfecta para no llamar demasiado la atención, pero al mismo tiempo no resultar muy insignificante… un equilibrio que rayaba en lo absurdo. Al fin opté por unos jeans, tenis blancos y una camiseta color verde olivo. Era evidente que esta era una transición para cambiar de vestimenta y además para conocer nuevos amigos de muy diversas procedencias. Lo único que me ayudaba a enfrentar el cambio era mi Chevrolet Impala Super Sport 1964 que, aunque viejo, me llevaría y traería de regreso a casa.

—Si ya estás guapo, m'hijo —me sorprendió mamá mientras hacía la minuciosa revisión.

—Ya, ya. Voy a desayunar —dije riendo.

—Te ves bien, de verdad, muy guapo. Ahora sí se me hace que vas a amarrar novia.

—Ay, mamá, pero qué cosas dices, si ahorita no tengo ni para invitar un helado.

—Bueno, pero cuando seas ingeniero…

—Sí, sí —interrumpí la conversación. ¡Adiós, mamá!

No puedo evitar reír cuando recuerdo cómo me preocupaba en todo momento por la situación financiera de mi familia y pensaba en formas de mejorarla en vez de enfocarme en encontrar a una muchacha. Mi papá y mis hermanos siempre me molestaban diciéndome que si no hallaba una novia, iba a terminar siendo sacerdote en vez de ingeniero. Pero en ese tiempo mis objetivos principales eran mantenerme concentrado, graduarme de la universidad y después preocuparme por encontrar al amor de mi vida. Y como resultaron las cosas, fue una decisión de la que nunca me arrepentí.

Llegué al campus. Era el primer día de un largo camino que, por cierto, no comenzó muy bien.

Las películas, las series de televisión y la propaganda, dan a conocer una imagen muy distinta de la realidad en los campus universitarios, donde se supone que todo mundo es amigable y las diferencias culturales son ignoradas cuando se trata de hacer amigos. En seguida me di cuenta de que la vida en la universidad parecía imitar lo que había experimentado en mi propia vida.

Carros deportivos de modelos más nuevos superaban en número a todos los vehículos en los estacionamientos de la institución... muy lejos de mi viejo Chevy Impala negro modelo 1964. Mi coche estaba en condiciones tan pobres que cada vez que salía del lugar de estacionamiento, veía una enorme mancha negra como resultado del aceite que goteaba del motor. Era obvio que estaba rodeado de estudiantes que venían de familias con más recursos. Yo, en contraste, necesitaba ayuda financiera, tenía un trabajo de medio tiempo y lo complementaba con otro trabajo adicional para estudiantes en el campus.

Luego de ir y venir durante la mañana por toda la universidad, me senté en una banca para descansar un rato. Me sentía abrumado por el cambio de rutina. Percibí que alguien me observaba desde lejos, así que levanté la vista y miré a James, el mismo que de niño me atormentaba poniéndome apodos y riéndose de mí por llevar tacos para el recreo. Nuestros ojos se encontraron por un instante, al tiempo que le brindaba una sonrisa cortés. Por su parte, él fingió no reconocerme, pero su cara sin duda reflejaba la pregunta: "¿Qué haces *tú* en la Universidad Pacific?".

Incómodo por la situación me levanté y fui al baño. Mientras me lavaba las manos, reflexionaba en que ya no quería estar bajo el escrutinio de nadie o sentir que tenía que justificarme. Ese era el pasado y estaba viviendo el presente, enfocándome en mi futuro... cuando de repente escuché:

—¿Hey, cómo te va?

—Hola —respondí.

—Mi nombre es Ervin, ¿cuál es el tuyo? —me preguntó con cortesía.

—José, José Hernández —respondí.

Así conocí a Ervin, un venezolano de ascendencia rumana, quien después se convirtió en uno de mis mejores amigos en la universidad.

—¿Eres de nuevo ingreso?

—Sí —dije contento.

—¡Como yo! Veamos el horario, José, a lo mejor vamos al mismo salón.

—Así es. Tenemos clase de física, vámonos.

Desde la primera vez que entré al salón de clases me percaté de que los estudios se tornaban en algo totalmente ajeno, incluso desconocido para mí. Ya no solo se trataba del entorno, sino también de las clases. Tenía la corazonada muy dentro de mí de que las matemáticas ya no iban a ser buenas conmigo.

"Buen día, clase. Soy el profesor Andrés Rodríguez. Seré su maestro de Física I. ¿Hay alguna pregunta?". El doctor Rodríguez era un hombre bajito con canas plateadas y siempre parecía traer un puro apagado, usado más como "compensación", en su boca o mano. También hablaba con un acento peculiar, y por eso supuse que era de ascendencia cubana. Poco después, descubrí que mi suposición fue correcta.

—Profesor, ¿nos dará el plan de estudios? —se atrevió a cuestionar titubeante una tímida alumna.

—¿Plan de estudios?, ¿y eso de qué les va a servir? No, jóvenes, lo que vamos a ver en esta clase jamás lo han visto y aunque les diera el programa que seguiremos, no lo comprenderían sin mi orientación. Vamos a comenzar —dijo en tono poco amistoso.

Miré a mi alrededor. Todo me trajo el mismo recuerdo de los primeros días de escuela siendo niño. Como cuando la maestra explicaba las letras y números, ahora estaba tratando de averiguar todo lo que escribía el profesor Rodríguez en la pizarra.

Tan solo 10 minutos después de iniciar, comencé a pensar que no habría manera de pasar su clase. El pizarrón se estaba llenando con una fórmula física tras otra. Bien podía estar observando jeroglíficos egipcios. El profesor Rodríguez estaba hablando y escribiendo tan rápido que apenas podía seguirle el paso. Solo me dediqué a escribir todo lo que él anotaba sin entender nada de ello.

—¿Alguna pregunta?

Nadie alzó la mano.

"Nunca se queden con dudas o preguntas. Es mejor ser ignorante por un momento que por toda la vida. Si no entienden algo, solo pregunten." Este fue un consejo anecdótico que recuerdo del doctor Smith para todos los recién ingresados al Community Involvement Program (CIP), durante la orientación. El doctor Smith agregó: "Siéntense siempre en las filas de adelante". Fue algo que también hice. El doctor Smith era director del CIP y su trabajo consistía en ver que todos los estudiantes con la beca del CIP tuvieran éxito en Pacific. La oficina del CIP resultó ser mi centro principal de apoyo y fue el primer lugar en el que me sentí en casa durante mi estancia en el campus de Pacific. En los siguientes meses y años, me beneficiaría de sus servicios de regularización y utilizaría dicha instalación como lugar para estudiar antes de los exámenes finales.

Me atreví a levantar la mano.

—Profesor Rodríguez, en realidad no entiendo nada de lo que acaba de escribir en el pizarrón.

Algunos de mis compañeros comenzaron a reírse haciéndome sentir como tonto tan solo por haber levantado la mano.

El profesor Rodríguez me miró, sonrió y preguntó:

—¿Cuál es tu nombre?

—José —respondí.

—Bueno José, la razón por la cual no entiendes nada de lo que escribí es porque nada de ello tiene sentido. Es una broma, pero si se fijan bien se darán cuenta de que fue una lección disfrazada —reveló.

Todos se quedaron callados, avergonzados por su propia ignorancia por no hablar y pedir una aclaración cuando ellos mismos tampoco habían entendido nada.

Al final del día hice el recuento:

Amigos: 1
Momentos incómodos: 2
Lecciones: 1

Expectativas cumplidas: por ahora, 50%.

En general, un buen día.

Tomé las materias de física, química, cálculo y programación de computadora Fortran durante mi primer semestre en Pacific. Todas fueron igual de difíciles, y requirieron muchas horas de estudio.

En ese momento ya tenía 18 años de edad y podía trabajar en las fábricas de enlatado y conservas. Durante los veranos, mi asesor de preparatoria, Mr. Vance Paulson, laboraba en el departamento de personal de una fábrica ubicada a una cuantas cuadras de mi casa. Siempre hizo un esfuerzo por conseguir trabajos de verano para sus estudiantes graduados de preparatoria en esa fábrica, en especial aquellos con buenas calificaciones. El único problema era que la temporada en la fábrica coincidía con el inicio de mi año escolar. Sin embargo, durante el primer mes o hasta el segundo del año escolar, me ocupaba del turno de 10 de la noche a seis de la mañana, iba a casa, me bañaba y después me iba a la escuela. Cuando acababa la temporada en la fábrica de enlatados, continuaba trabajando en las tardes y durante los fines de semana en mi puesto de ayudante de mesero del restaurante mexicano, el cual había conseguido desde mi ingreso a la universidad. Después de cada turno, iba a casa a hacer mi tarea y estudiar. Mi rutina diaria me mantenía ocupado sin espacio para más; rara vez tenía tiempo libre. La incertidumbre y la dificultad de las clases pronto comenzaron a abrumarme.

¡Pero si se supone que eran mis mejores amigas!, me decía mientras leía mis apuntes de física y matemáticas, sentado en una de las bancas del campus. En realidad no podía más, mi mente y mi cuerpo estaban agotados y al parecer todo se reflejaba en mi semblante, pues el doctor Andrés Rodríguez se acercó a donde estaba.

—Te pasa algo, ¿cierto?

—No, no, todo está bien, maestro.

—A ver muchacho, quita esa cara. Yo sé lo que tienes, pero no debes dudar de ti mismo. A todos nos pasa en algún momento de la vida, pero de verdad, por ahora no tienes por qué estar así.

—Voy a mejorar mi ánimo, no se preocupe profesor. Todo va a estar bien —alcancé a responder, con la mirada esquiva.

—¡Convéncete!, tienes toda la capacidad para ser ingeniero, hijo. Eres muy inteligente, pero me preocupa tu estado de ánimo, porque te he visto ya mucho tiempo con esa depresión, ya no bromeas, no sonríes y por lo que me han dicho tus compañeros, jamás sales con ellos a divertirte. ¿Qué te pasa, que te hace dudar tanto?

—Profesor, ¡es todo! Los compañeros de clases que me ven como bicho raro porque no vivo en el campus ni tengo un carro último modelo, o a lo mejor por ser moreno. Las materias son pesadísimas y encima tengo que trabajar. Ya no aguanto y, no había tenido dudas, pero he llegado a pensar: ¿Será esto para mí? —respondí de golpe, manoteando al aire, desesperado.

—José, ¡no vuelvas a decir eso! No debes sentirte fuera de lugar. Se te pidieron los mismos requisitos de ingreso que a cualquier otro, ¡nadie te hizo "el favor"! No hagas caso de quien te trata con desplantes porque siempre encontrarás gente negativa en tu vida. Lo importante no es lo que los demás ven en ti, sino lo que en verdad hay en tu interior; eso solo lo miran las personas que te aman con sinceridad. Serás un gran ingeniero, y si eso no te conforta, piensa en tus sueños, piensa en todas las personas que te quieren y creen en ti. Estoy seguro de que tus padres están muy orgullosos por ver a su hijo estudiar en la universidad.

El Dr. Rodríguez me había dado un gancho al hígado con eso. Me hizo darme cuenta de que primero que nada, necesitaba continuar por mis padres. Todos los sacrificios que habían hecho por mí hasta ese momento no debían ser en vano… tan solo imaginar el semblante de mi madre si tuviera que decirle que dejaba la escuela fue suficiente para que me reanimara y lo intentara con más fuerza. Segundo, mi sueño de la infancia era ser astronauta, y eso no sucedería a menos que fuera un ingeniero. Rápidamente me convencí de continuar trabajando aún más duro y usar los recursos del CIP, que incluían asistencia de regularización. Conseguí toda la ayuda posible, todo en un esfuerzo por evitar ser un número más en las estadísticas de los que dejaban la escuela.

La palabra "sueño", que en un punto de mi niñez fue mi favorita, ya no estaba en mi vocabulario. Era momento de comenzar a hacerlo realidad.

Dejar de trabajar para convertir mis sueños en realidad es dejar de vivir, pensé mientras el profesor Rodríguez se alejaba.

Pensativo, caminé hacia la biblioteca y tropecé con un joven estudiante.

—Disculpa —dije apenado mientras le ayudaba a levantar sus cuadernos del piso.

—No te preocupes, vienes distraído; a todos nos pasa. ¿Vas a entrar a la biblioteca? —me preguntó en árabe.

—¿Cómo dices? No te entiendo.

—Lo siento. ¿Vas a entrar a la biblioteca? —repitió en inglés.

—Sí, claro. Entregaré unos libros. Me llamo José.

—Yo soy Amin.

Amin pronto se volvió otro de mis mejores amigos. No sabía mucho sobre él al principio porque nunca hablaba sobre su vida; sin embargo, a juzgar por el Porsche último modelo que manejaba, de seguro era una persona de dinero. A veces quise curiosear sobre su vida, pero no lo hice. No fue sino hasta mucho después que descubrí, al leer la revista *Forbes,* que su familia era una de las más ricas del Medio Oriente. El artículo describía las posesiones que conformaban su vasta riqueza. No podía creer lo que leía. Esta nueva información no afectó nuestra amistad en lo absoluto. Sigue siendo uno de mis mejores amigos y es muy sencillo a pesar de su posición económica.

—La ingeniería es muy complicada, ¿no te parece? —me dijo mientras buscábamos unos libros en la sección de química.

—Sí, estoy de acuerdo.

—Te vi hablando con el profesor Rodríguez. ¿Tienes algún problema con su materia? Yo creo que le entiendo bien y si te puedo ayudar en algo…

—No, no —interrumpí— estoy bien.

—De acuerdo. Si alguna vez necesitas algo, o alguien con quien estudiar, solo dímelo. Lo último que ambos necesitamos es reprobar su clase —me dijo.

—Así lo haré. Gracias.

Seguí buscando mis libros, pero de reojo pude ver que todavía me estaba mirando, no muy convencido de mi respuesta de que no necesitaba ayuda.

—Ya encontré el libro, José. Fue un gusto; nos vemos mañana en clase.

—Claro que sí, nos vemos luego.

Después pensé en su oferta y me hizo darme cuenta de que nadie puede triunfar en la vida sin la ayuda o el apoyo de otros. Fue como si el universo estuviera poniendo a propósito gente en mi camino para decirme que siguiera adelante a pesar de mi estado de ánimo. No fue diferente en casa.

Encontré a mamá hablando por teléfono con una de las hermanas de papá, la tía Rosa que vivía en La Piedad:

—Sí Rosa, ¿cómo ves?, ya el último de los muchachos, mi Pepe, va a ser ingeniero. Ya está en la universidad con todo y beca… Sí, siempre ha sido muy listo, ya me lo imagino cuando se gradúe. ¡Ay, qué emoción, Rosa! —conversaba emocionada.

Este fue un momento de *epifanía*… Hacía mucho que no recordaba mi sueño. Me había dedicado a estudiar simplemente porque tenía que hacerlo, y trabajaba por la misma razón, pero había olvidado lo que me motivaba. Mamá creía en mí. La sonrisa en su cara mientras conversaba con mi tía Rosa reforzó la perspectiva que me había formulado ese mismo día: no podía darme por vencido, ni ahora ni nunca.

"Hijo, ¿Tienes hambre?", me preguntó. "Sí, mamá", respondí disimulando, como si no hubiera escuchado su conversación…

Son muchas las personas provenientes de diferentes etnias las que conviven en una universidad. Mis amigos representaban en gran medida a cada una de esas minorías que coexisten como si se tratara de un mundo en miniatura. Encontrar amigos no me resultó complicado a pesar de la diversidad cultural y de las diferencias económicas que había entre ellos y yo.

La tercera persona que se convirtió en un gran amigo mío en Pacific fue Don. Era vietnamita y también venía de Stockton. Pasaba la mayor parte del tiempo estudiando. Su padre estaba en la facultad de ingeniería en Pacific. Don era un estudiante de dieces, pero aún así le preocupaba su desempeño, ya que se daba cuenta que su padre tenía la facilidad de hablar con cualquiera de sus maestros para averiguar cómo le iba en sus clases.

—¿Y van a ir a la fiesta de la fraternidad? —preguntó Ervin mientras estudiábamos en las bancas fuera del edificio de Ingeniería.

—No, yo no puedo —respondió Don al instante, intentando que Ervin no lo convenciera—. Tenemos examen mañana. Más vale que nos pongamos a estudiar.

—Eres un aburrido. ¿Y ustedes qué dicen? ¿José? ¿Amin?, ¿no van? Pues ustedes se la pierden; yo sí tengo que ir porque hice una cita. Se trata de una
chica hermosa —dijo Ervin.

Ervin pasaba la mayor parte de su tiempo hablándonos de sus muchas conquistas
y de cómo iba dejando corazones rotos en el camino.

Sí lo acompañamos a varias de las fiestas de la fraternidad en el campus. Debo
admitir que a veces fueron un poco abrumadoras para mí. No digo que no disfruté
pasando tiempo ahí, pero estoy seguro de que la mayoría no tenía que trabajar e
ir a la escuela al mismo tiempo. Para ellos, una noche de fiesta era seguida por lo
general de un día de sueño. Yo no contaba con ese lujo, pues debía de continuar
con mis estudios o ir a trabajar. La mayoría de mis amigos ya tenían su futuro casi
asegurado después de graduarse: Amin tenía un puesto esperándolo en la compañía de su padre; IBM le había ofrecido a Don un cargo operativo; Ervin tenía
planes de regresar a Venezuela para encargarse del negocio familiar. Yo, por otro
lado, no tenía nada más allá... al menos no todavía.

"José, ¿y tú qué piensas hacer cuando termines la universidad?", me pregun-
taban a cada rato. La respuesta sincera hubiera sido: "Haré hasta lo imposible para
ser un astronauta", pero eso en sí mismo sonaría extraño. Un día se me ocurrió
responder: "Tal vez comience a involucrarme en la política".

—Pero, ¿qué tiene que ver la política con todo esto? —me preguntó Ervin.
—Pues aún no lo sé, pero debe haber una forma de conjuntar política e ingeniería para ayudar a la gente.
—¿Entonces quieres ser político? ¡Qué bien! —comentó Amin con sarcasmo.
—No hagas caso, José, puede que seas un gran político, no es imposible que
te conviertas, por ejemplo, en gobernador —dijo Don intentando defen-
derme.

Pero la risa fue general, incluso yo reí. Desde ese momento, todos me conocieron
con el sobrenombre de "El Gober". Siempre pensé que era mucho mejor ese apodo
a lo que se les hubiera ocurrido si les hubiera dicho que deseaba ser astronauta.

Mi futuro todavía era incierto en diciembre de 1980. No había suficientes horas en el día para ir a la escuela, trabajar y estudiar. Dormir era algo que no hacía
lo suficiente. No podía esperar a que llegaran las vacaciones de invierno para, por
fin, descansar. Y es extraño, pero cuando llegaron no estaba muy entusiasmado.

Al concluir las clases del semestre de otoño, tras mi último examen final, hice algo que nunca había hecho: fui el primero en entregar mi examen y salir del salón, marcando así el inicio del descanso de invierno. No era yo el de siempre y no sabía por qué. Quizá fue porque me di cuenta de que había sobrevivido al primer semestre de un extenuante programa de ingeniería y de algún modo creía que las cosas iban a mejorar a medida que fuera progresando en mi carrera. Más tarde ese día, mis amigos trataron de convencerme de ir al cine con ellos para ver *Superman II*, que era algo de lo que todo mundo hablaba en aquel momento.

Amin quería que pasáramos juntos un tiempo antes de que él volara de vuelta a Arabia Saudita para Navidad.

—¡Vamos, José, ven con nosotros al cine!

—No lo sé, estoy cansado.

—¡Siempre lo estás y te ves agotado!, pero somos tus amigos —me reprochó Amin.

—Lo sé, pero me siento cansado.

—Tú casi nunca sales con nosotros. Anda, vamos. En las vacaciones ya no nos verás y tendrás mucho tiempo para descansar. ¿Qué dices?

—Está bien, los alcanzo en el cine.

Entramos a la sala del cine; aún me encontraba cansado por las horas sin dormir. No tenía mucho ánimo. Comenzó la película.

No puedo decir si fue la música, las imágenes del espacio, o quizá la simple distracción de salir con mis amigos, pero me sentí vivo de nuevo, lleno de vida y energía. Sabía que nunca sería capaz de volar, como Superman, pero sabía que un día sería capaz de flotar en el espacio en un ambiente de gravedad cero y hacer mi mejor representación de él (de hecho, lo hice; la prueba está en la foto de la página 167.

Esa noche me resultó difícil conciliar el sueño. Estaba boca abajo, abrazando la almohada, mirando en dirección a mi armario, que estaba un poco abierto; y así es como la vi. En la esquina, cubierta de polvo, el modelo de la nave espacial de *Star Trek* de mi hermano. Me levanté en un impulso, me acerqué a ella y la tomé. La levanté del piso y la miré con nostalgia, como si le pidiera perdón por haberla olvidado, como a mis propios sueños.

Este momento fue justo lo que necesitaba, ya que me permitió reflexionar y tomar la iniciativa de hacer algunos cambios. Decidí renunciar a mi trabajo a tiempo parcial en el restaurante y dedicar más horas a mis estudios para mejorar mis notas, era cuestión de prioridades.

La tarde siguiente, mientras estaba limpiando la nave que había reencontrado, tuve la sensación de que todo iba a resolverse con el tiempo. Después la coloqué en la repisa encima de mi ropero para que siempre estuviera visible y sirviera de recordatorio de que todo iba a estar bien.

Esa noche dormí más de ocho horas por primera vez en mucho tiempo.

Semanas más tarde, camino a los laboratorios, donde al fin logré trabajar como asistente, me encontré a la mujer que era como mi segunda madre.

—¡José!, hijo, ¿cómo has estado? —gritó Sylvia Bello a lo lejos en el campus.

—¡Señora Bello!, estoy muy bien, gracias —le respondí con alegría.

—Ya lo veo, estás muy sonriente —dijo mientras oprimía con sus manos mis mejillas con un gesto maternal.

La señora Bello ahora también daba una clase vespertina en Pacific además de su trabajo regular de enseñar en la preparatoria. De vez en cuando la veía en el campus rodeada por estudiantes que reclamaban su atención para que los ayudara con sus tareas. Me sentía especial porque siempre hacía tiempo para hablar conmigo sin importar lo ocupada que estuviera.

—Me da gusto encontrarla, ¿sabe? Pasé por momentos muy difíciles. Dudé de mi capacidad, pero si algo se quiere de verdad, se puede alcanzar, ¿no es así?

—Claro que sí... José, dime la verdad, ¿todavía quieres ser astronauta? —me preguntó en voz baja.

—Sí, hoy más que nunca; en serio.

—Y mi corazón me dice que lo lograrás.

A medida que progresaba mi carrera universitaria, averigüé más acerca de los detalles del programa educativo Engineering Co-op de Pacific. En ese tiempo, todos los ciudadanos estadounidenses en el programa de ingeniería de Pacific debían hacer un internado con una compañía que les permitiera adquirir experiencia en su campo de especialización. Por ello, durante mi tercer año en Pacific, hice el internado en el Lawrence Livermore National Laboratory (LLNL), casi por accidente.

Finalizando mi primero de 11 (y contando) maratones, el de la Avenue
of the Giants en Humboldt Redwoods State Park, al norte de California.

Me enteré por una mera coincidencia que un representante del LLNL iría a entrevistar a los estudiantes en el campus para dos puestos de prácticas de seis meses. Había una docena de mis compañeros estudiantes de ingeniería que ya habían firmado con la esperanza de llenar una de las dos posiciones, así que añadí mi nombre a la lista. El Lawrence Livermore es una institución de investigación y desarrollo de ciencia y tecnología aplicadas a la seguridad, y uno de los laboratorios más importantes del país, por lo que trabajar ahí me daría prestigio importante entre la comunidad científica. En él se llevaban a cabo múltiples proyectos de relevancia mundial.

Más tarde esa semana, vestido con el único traje y corbata que tenía, me presenté a la entrevista y esperé en la oficina de cooperación a que llegara mi turno. El señor Frank Inami, un japonés-americano, por fin me llamó para hacer la entrevista. Al concluir, estaba seguro de que había dejado una buena impresión. Pero eso pareció no importar.

—José, me hubiera encantado ofrecerte el puesto, pero al parecer encontré a dos estudiantes que considero que cumplen a la perfección con las necesidades de nuestro departamento de ingeniería.

—Está bien, Mr. Inami. Quizá la próxima vez; gracias por su tiempo —respondí tratando de ocultar mi decepción.

Después, Mr. Inami dijo:

—José, ¿te interesaría si te dijera que hay un programa especial establecido en el Laboratorio gracias al cual sería posible que trabajaras para nosotros?

—¡Sí, por supuesto! Pero un momento, ¿también paga? —pregunté un tanto desconfiado.

Dejó ver una gentil sonrisa y dijo:

—Sí, paga la misma cantidad que tus compañeros ganarán. Sin embargo, este programa está financiado por nuestra Oficina de Oportunidades Iguales con el solo propósito de abrir las puertas a estudiantes de minorías, como tú. Entonces, ¿qué dices? ¿Estás interesado?

—¡Sí! —fue mi respuesta inmediata.

No tuve que pensarlo dos veces antes de contestar. Estaba feliz de saber sobre la ayuda para minorías y de que yo la había obtenido. Esto no solo era un trabajo, era una oportunidad. ¡El Lawrence Livermore Laboratory!, un laboratorio de primer nivel dedicado a la defensa nacional y financiado por el Departamento de Energía. Estaba ubicado a solo unos 65 kilómetros de mi casa, lo cual significaba que podía trasladarme con facilidad al trabajo, y así ahorraría aún más dinero. No podía dejar de pensar en cómo me sentiría el primer día que cruzara sus puertas.

Dos semanas después recibí la llamada de Mr. Frank Inami para confirmarme que había sido aceptado como asistente de laboratorio.

Estaba tan agradecido que me prometí a mí mismo que trabajaría sin cansancio para que, al terminar, me renovaran mis prácticas de seis meses y, al final, lograr un puesto.

Por suerte, mi supervisor y compañeros de trabajo estaban tan satisfechos con mi rendimiento y ética de trabajo que me prometieron apoyarme para ser contratado como ingeniero una vez graduado de la universidad.

Un paso más para cumplir mi sueño...

CAPÍTULO

5

Hi Mom!

◄ Rindiendo homenaje a mi madre, Julia, en mi graduación de la Escuela de Ingeniería de la University of the Pacific, con el mensaje *Hi Mom* adherido a mi birrete.

etter **4 a lot/lots** not
h; a great deal: *This*
n I am **5 a (fat) lot**
don't care at all **6**
er or amount!
nber of articles sold
e: *Lot 49, a fine old*
mE an area of land,
rpose such as f..
3 [C] a buildi.. in
ground surrou.ding
(esp. in the .hr. a
al objects us.d for
e **6** [U] the ..e of
or decision: *de..de*
or choice made in
8 [C] share: *They*
away with his lot **9**
fate **10 draw/cast**
y the use of several
different marks

d mixture, used on
and healthy
an arrangement in
are sold to people
hance, as out of a

people and anima
worthless person c
louse up *v adv* [T
fully with; MESS U
lou·sy /'laʊzi/ *adj*
LICE **2** [B] *infml* v
3 [F+*with*] *infml*
(esp. money)
lout /laʊt/ *n* a roug
manners —~ish *a*
l..·vre, *AmE* -ver
..ent of narrow
..etal, etc., fixed
..ndow to allow
strong sun out
lov·a·ble, loveable
ing, or worthy of l
love¹ /lʌv/ *n* **1** [U
another person, es
or between people
love for her child.
each other) **2** [U
enjoyment and att
ing **3** [C (*of*)] t
attraction: *Music*
life **4** [C9; *my*+N
also (*nonstandard*

*Si no sabes a dónde vas,
cualquier camino es bueno.*

Lewis Carroll (1832-1898),
matemático y escritor británico.

Sin que mi madre lo supiera y tal vez sin proponérselo, fue una de mis principales motivaciones para salir adelante, y se lo quise demostrar el día de mi graduación.

En mayo de 1985, a la edad de 22 años, un día me encontré vestido con una toga negra con ribetes anaranjados para festejar mi graduación. Mis hermanos, todos ya con sus carreras concluidas, estaban listos en la sala para ir al festejo. Mis papás no dejaban de tomarme fotografías, en verdad estaban orgullosos del más pequeño de todos sus hijos.

Papá, sonriente, le dijo a mamá en voz baja: "Lo hicimos bien". Creyeron que no había escuchado, pero me di la vuelta y confirmé sus palabras: "No pudieron haberlo hecho mejor, ¡son los mejores padres del mundo!", y nos abrazamos por un largo rato.

El discurso del orador en la ceremonia de graduación no se dirigió solo a los graduados, sino a todos los asistentes:

> La vida está llena de metas, pero también de obstáculos; ahora que se enfrentarán a ellos, estén seguros de que cuentan con todas las armas necesarias para poder superarlos. Tienen una gran responsabilidad: alcanzar sus sueños por quienes creen en ustedes, por la sociedad, pero sobre todo, por ustedes mismos.

◀ Anillo de bodas.

Con mi hermano mayor, Salvador, en mi graduación de la Escuela de Ingeniería de la University of the Pacific en 1985.

Uno por uno, los estudiantes pasamos a recibir nuestro diploma: "José Hernández Moreno. Graduado con Cum Laude", se escuchó al mismo tiempo que el aplauso. En medio de todas esas palmas que chocaban entre sí, estaban las de mi madre.

Pude oír sus aplausos entre la multitud porque eran los más fuertes, y antes de bajar de la tarima, le mostré a la distancia una hoja que llevaba pegada en el birrete en la que se leía la frase: *"Hi Mom"* (Hola, mamá). Fue un símbolo de gratitud por todo lo que ella había representado para mí en mis años universitarios. Me acuerdo bien que se puso de pie y todos voltearon a verla, pero ella solo me miraba a mí. Con los ojos cristalinos por el llanto contenido, me lanzó un beso y pude leer sus labios que me decían, "Lo lograste".

Tan pronto bajé del estrado, recibí más abrazos y besos de felicitación, seguidos de más fotos, y el día terminó con una fiesta que mi familia organizó en nuestra casa. Las fotografías que se tomaron ese día sirven como prueba de lo feliz y aliviado que me veía tras años y años de arduo trabajo...

No tardé tiempo en comenzar mi carrera en el Lawrence Livermore National Laboratory en Livermore, California, ubicado al oeste de Stockton. Para ese momento, el laboratorio y el viaje eran muy familiares para mí, ya que hacía mis dos trabajos de cooperación en el mismo sitio. Mi jefe, Mike Ong, se aseguró de que me llegara una oferta de carrera a principios de mi último año en la universidad. Hizo esto a propósito, me dijo una vez, para que me relajara y no pasara por el problema de solicitar empleo a otras empresas, y por tanto, no estuviera tentado por otras ofertas. Funcionó en forma parcial, ya que me las arreglé de algún modo para conseguir una entrevista con AT&T. El problema era que su oferta de trabajo era en Columbus, Ohio, que consideraba demasiado lejos de California.

Cuando comencé en el laboratorio, los primeros días transcurrieron sin incidentes, hasta un día que contesté una llamada telefónica en mi nueva oficina.

—¿Estoy hablando al área de intendencia? —escuché al otro lado del teléfono.

—No, está usted equivocado.

—Lo siento.

—No se preocupe —dije y colgué la bocina.

Durante horas recibí llamadas similares. *Ring, ring*: "¿Es usted el nuevo conserje? Necesito jabones en mi baño", "Venga a limpiar mi oficina", "Necesito que retire los botes de basura".

Toleré varias; incluso, las primeras confusiones me hicieron reír, pero mi paciencia se agotó y fui a ver a la secretaria encargada de trasladar las llamadas a las diferentes áreas del laboratorio.

—Señorita, vengo a presentarme. Soy el nuevo ingeniero, José Hernández.

—¿Ingeniero? —la joven me miró incrédula.

—Disculpe señor Hernández, le comento que tengo en este documento la notificación de varias personas que ingresaron a la empresa hoy y estoy un poco confundida —sonrió de nuevo—. No volverá a pasar.

Más tarde ese día descubrí que, en efecto, otra persona y yo habíamos comenzado a trabajar en el edificio en la misma semana: José Hernández, el ingeniero recién graduado, y Brian Johnson, el nuevo empleado de mantenimiento.

Mentiría si dijera que no me sentí ofendido; sin embargo, no mencioné nada. En vez de eso, decidí enfocarme en mi nuevo puesto y trabajar muy duro para que la gente me reconociera por mi desempeño. En otras palabras, quería ser conocido como José Hernández, ingeniero talentoso que es latino; no José Hernández, un ingeniero latino que tiene talento en ingeniería. Es una diferencia sutil, quizá, pero importante para mí.

Los siguientes días pasaron volando, después las semanas... una tras otra. Mientras continuaba trabajando en el laboratorio, estudié a mis colegas, con quienes al final competiría por mejores asignaciones y ascensos, y me di cuenta de que esta prestigiosa instalación de investigación auspiciada por el Departamento de Energía estadounidense tenía ingenieros y científicos, la mayoría de los cuales, contaba con grados avanzados. Pensé en esto y me percaté de que a fin de poder sobresalir y competir con éxito en este ambiente, también necesitaba obtener un posgrado. Esta conclusión, junto con el hecho de que no podía dejar de pensar en cómo entraría al programa de astronautas de la NASA y que el Dr. Franklin Chang-Díaz tenía un doctorado, me llevó a mi siguiente gran decisión en la vida: asistir a la escuela de posgrado.

Durante la primera parte de aquel verano se me notificó que me aceptaron en dos de las tres escuelas de posgrado para las que había hecho solicitud. Tanto la University of California, Santa Bárbara, como la Cornell University me habían aceptado. Irónicamente, Stanford me había rechazado; digo irónicamente porque ya había aprobado 12 unidades de posgrado con Stanford a través de su "Televised Graduate Program" (Programa Televisado de Graduados) durante mis dos periodos cooperativos en el laboratorio. Hablé con mi jefe, Mike Ong, de mi deseo de asistir a la escuela de posgrado. Le comenté mis planes de pasar el menor tiempo posible lejos del laboratorio y pedí una licencia de un año. También le expliqué que ya me habían aceptado en el Programa de Maestría en Ingeniería Eléctrica, con especialidad en Señal y Sistemas de la Universidad de California en Santa Bárbara.

Pero la respuesta de mi jefe no me tranquilizó en absoluto. Él me recomendó que en vez de pedir una licencia, renunciara a mi empleo. Su argumento fue que si me quedaba en la nómina, a mi regreso con un título de maestría, solo recibiría un aumento de sueldo simbólico. Sin embargo, si renunciaba por completo, el laboratorio se vería obligado a competir con la industria privada por mis servicios y, por tanto, podría negociar un mejor salario. Me aseguró que haría todo lo posible para volver a contratarme después de terminar mis estudios. La verdad sea dicha, sabía que firmando mi renuncia había algunos riesgos, como la congelación de mi contrato, o peor aún, ¡podría estar tratando de deshacerse de mí!

Después me convencí de que si congelaban mi contrato, podría conseguir otro trabajo en algún lugar de Silicon Valley, y en caso de que estuviera tratando de deshacerse de mí, entonces tampoco eso estaba bien para mí porque no quería estar en un lugar donde no me quisieran. Pero por suerte Mike Ong mantuvo su palabra, y 12 meses después me ofrecieron un trabajo en su mismo grupo, con un sustancial aumento de sueldo.

El posgrado fue una experiencia totalmente distinta. Gracias en parte a mis ahorros y a una beca completa del programa "Graduate Engineering Minority" (GEM), tuve la oportunidad de inscribirme en el programa de maestría en la Universidad de California, Santa Bárbara y, por primera vez en mi vida, no me preocupé de dividir mi tiempo entre el trabajo y la escuela. Incluso tuve tiempo para mi familia. Contar con los fondos para pagar la universidad hizo una diferencia importante. Ahora tenía tiempo para estudiar y para socializar, a diferencia de mis días de estudiante universitario cuando debía trabajar en diferentes lugares sacrificando horas de sueño.

Fue muy emocionante poder vivir por mi cuenta con dos amigos que también eran ex alumnos de Pacific. Uno de ellos estudiaba el programa de posgrado en ingeniería mecánica y el otro estaba inscrito en un doctorado en psicología. Recuerdo que organizábamos fiestas, pero no podíamos divertirnos hasta altas horas de la noche, ya que al día siguiente debíamos cumplir con nuestras clases.

Llevábamos un ritmo rápido de estudios, pero pude disfrutarlo por completo porque se trataba de mi única ocupación.

Estudiar el posgrado también me hizo sentir orgulloso, pues me daba una nueva visión de lo que significaba la madurez. El año pasó con rapidez y pronto me encontré con otro título universitario en la mano. Fue otro pequeño paso hacia mi gran sueño.

Con mi segunda oferta de trabajo del laboratorio en una mano y un grado de maestría en la otra, regresé a casa… a Stockton, California. Después de años de vivir en incertidumbre financiera, ahora iba a obtener (en mi opinión) un ingreso decente. El "sueño americano" estaba listo para que lo tomara. Después de regresar de Santa Bárbara, seguí ayudando a mis padres. Durante ese año tuve además la oportunidad de comprarme por primera vez un coche nuevo. Lo recuerdo vívidamente: un Mazda RX-7 1987 color dorado… muy lejos estaba mi Impala 1964. Me gustaba el Mazda porque se parecía al Porsche que, obvio, no podía pagar.

También pude ahorrar el dinero suficiente para hacer el pago inicial de una casa nueva ubicada en uno de los mejores barrios de Stockton. Recuerdo con cuánta ilusión admiraba los alrededores; todo era hermoso, las calles, las áreas verdes, las viviendas contiguas… Me parecía increíble la aventura de vivir solo e imaginaba las fiestas que organizaría para mi familia y amigos.

Todo se estaba acomodando y parecía que la vida era perfecta. Sin embargo, a menos de un mes de haberme mudado, todo cambió una mañana cuando recibí la perturbadora llamada de un amigo. Después de escuchar lo que me dijo, colgué y enseguida salí a recoger el periódico. El diario de la mañana confirmó la noticia que escuché por teléfono: "Pareja asesinada en Stockton. Ladrón apuñala a muerte a una pareja tras haberlo confrontado".

No era de los que leían el periódico tan temprano, pero desesperado quería saber más detalles sobre la trágica noticia que apenas había oído. El artículo confirmó que la pareja asesinada eran mi tía y mi tío por parte de mi papá. Atónito, llamé de inmediato a mis padres para informarles de la tragedia, pero ellos ya sabían. Estaban destrozados, como era de esperarse.

—Estábamos a punto de llamarte, m'hijo —respondió mi madre al otro lado del teléfono.

—Voy para allá —dije apresurado.

Conduje hasta la casa de mis papás sin desperdiciar un solo minuto. Cuando ya estaba cerca, no pude evitar comparar su vecindario con el mío. Fue como si estuviera contrastando dos mundos por completo distintos. Era una situación que nunca pensé que enfrentaríamos. Comencé a pensar: "Mis padres viven en un barrio similar al de mis tíos que fueron asesinados. ¿Cómo podía permitir que mis propios padres siguieran viviendo en un lugar así? ¿Qué tal si lo que le pasó a mis tíos le sucede a mis padres?". No estaba en condiciones de protegerlos, porque ya no vivía en casa. La seguridad de mis papás estaba en juego y yo no me perdonaría si algo les pasara.

Tan pronto como llegué a su casa, ellos se apresuraron a decirme con exactitud todo lo que había sucedido.

"Alguien entró en casa de tus tíos, pensando que nadie estaba dentro. Pero cuando el intruso los vio, tuvo que matarlos", me explicaba mamá, quien no podía dejar de preguntarse: "¿Por qué pasan estas cosas?, ¿por qué?, ¿por qué?". Me hubiera gustado tener una respuesta.

Una vez transcurrido el periodo de luto, todavía tenía muchos pensamientos dando vueltas en mi cabeza. El más preocupante era el futuro inmediato de mis padres. Decidí que lo mejor para todos era que salieran del barrio donde sus hijos habíamos crecido y se mudaran conmigo. Lo único que quedaba era convencerlos. Pensé que lo mejor sería sacar este tema a colación al quejarme de lo difícil que era para mí mantener bien mi casa y trabajar al mismo tiempo. La clave, pensé, era hacer que se sintieran necesitados.

— Mamá, estoy en una situación bastante difícil: trabajo mucho y encima me tengo que encargar de la casa.

— Pues consigue a alguien que te haga el quehacer —se apresuró a responderme.

— No, alguien extraño no me daría confianza. Qué te parece si... No, olvídalo, no creo que quieras.

— ¿Qué hijo?, dime. ¿Quieres que yo haga el quehacer? Puedo ir unos días a tu casa y...

— No, no —interrumpí—. Lo que pensaba era que tú y papá se fueran a vivir conmigo.

— Ay, m'hijo, no, ¿Cómo te imaginas eso? ¿Nosotros qué vamos a hacer allí?

— Pues estar conmigo, ¿qué opinas?

— No lo creo. Tu papá no va a querer.

Después de semanas de insistencia por fin accedieron. Mamá se sentía fuera de lugar porque no había una sola persona en mi barrio con quien pudiera hablar español. Además, mi casa era demasiado grande para su gusto. En cuanto a mi padre, que se dedicaba a transportar tomate desde los campos a las fábricas de conservas en California, no le gustaba que en mi calle no hubiera espacio para estacionar su camión. De hecho, la asociación de vecinos no permitió que los vehículos comerciales se estacionaran en la zona.

Después de unos cuantos meses, mi papá al fin me confesó:

— M'hijo, yo la verdad no estoy a gusto aquí —me dijo un día a la hora de comer.

— Pero si estamos bien, este lugar está más tranquilo, más seguro.

— Pues sí, pero yo ni trabajo, y eso de estar ocioso todo el día me pone mal.

— No nos falta nada, papá —le dije, tratando de hacerlo entrar en razón—. No necesitas trabajar.

—Digas lo que digas, no estoy a gusto. Yo quiero seguir ayudando, todavía estoy fuerte.

—Algo tendremos que hacer entonces.

No voy a negar mi decepción porque a mis padres no les gustó vivir conmigo. El trabajo duro y el sacrificio que tuve que hacer para llegar adonde estaba en ese momento de mi vida podían verse en cada uno de los clavos que fueron golpeados para mantener juntos los muros y el techo de mi casa. No podía seguir viendo a mis padres nostálgicos e infelices, tenía que encontrar un camino para resolverlo. Lo más importante para mí era su salud y su felicidad. Milagrosamente, mi padre llegó a casa un día con la solución que yo esperaba. Entró por la puerta principal, gritando: "¡Hijo!, ¡Hijo!, ¡Pepe!".

—¿Qué pasa?

—Fui a Lodi con Jorge, mi amigo. Me pidió que lo acompañara a comprar unas cosas y, bueno, lo importante es que ya de regreso, vi unos terrenos muy bonitos, muy grandes, en un lugar cercano y ahí bien que puedo estacionar mis camiones.

—Pues hay que ir a verlos.

De repente el ánimo de mi papá cambió de emoción a tristeza.

—¿Qué pasa?

—No creo que pueda pagarlo.

—¿Y desde cuándo el dinero ha sido un problema para nosotros últimamente? No te preocupes. Podemos comprarlo juntos y puede ser una buena inversión para nosotros.

La seriedad en su rostro se transformó en una sonrisa luminosa.

Entre él y yo compramos un terreno en Stockton, cerca de Lodi. Nos mudamos a la nueva casa estilo rancho que había en él. Incluso, mi hermano Gil decidió ir a vivir con nosotros. Como en mis días de infancia en La Piedad, todo era perfecto y hasta la fecha lo es: mis padres siguen viviendo en ese bonito lugar lleno de árboles, plantas y también de calma; estoy seguro de que eso es lo que los mantiene llenos de vitalidad...

¡Pero qué ojos tan chulos vi!

En el verano de 1990, mi hermana fue de compras a la sección de perfumería de la tienda departamental Macy's en Stockton. Una de las empleadas de perfumería llamó su atención, no porque fuera hermosa, sino porque mostraba un carácter genuino, que Lety descubrió mientras escuchaba su conversación con una compañera de trabajo. La muchacha (luego supe que se llamaba Adela) no tenía idea de que mi hermana estaba escuchando. Yo no estaba allí, pero Lety me dijo lo que pasó ese día.

—¿Pero por qué no quieres hablarle en español? —decía Adela.

—¡No tengo tiempo!, si tanto te interesa, explícale tú, porque yo estoy harta de lidiar todos los días con estos incultos. Si viven aquí, al menos que se tomen la molestia de aprender nuestro idioma —le respondía en inglés su compañera de trabajo.

—¡Pero si sabes hablar español!, ¿qué te cuesta? No tienes que ser así, ella también es una clienta y merece buena atención —le decía indignada, refiriéndose a una joven mujer morena de rasgos latinos que había pedido información sobre unas mascarillas. La empleada simplemente se negó a atenderla…

—¡Hola!, con mucho gusto yo le explico. ¿Cuál es el producto que le interesa? —se dirigió sonriente a la chica.

Mi hermana Lety no pudo evitar admirar a Adela desde ese día. Vio algo especial en ella: "Espero que Pepe encuentre a alguien como ella", pensó.

Más tarde Lety llegó a casa con las bolsas llenas de productos de despensa para mamá. Como era la costumbre de los fines de semana, ambas prepararon la cena. Yo estaba viendo la televisión y pude escuchar lo que Lety contaba acerca de lo ocurrido en el centro comercial: "Si hubieras visto, mamá, una muchacha muy bonita, con unos ojazos verdes, hermosos. Pero lo que más me llamó la atención fue cómo defendió a la jovencita. Se ve que es muy noble, muy buena". Luego bajó la voz, pero no tanto como para que yo dejara de escuchar: "Ojalá Pepe tuviera una novia así, esa sí me gusta para cuñada". De inmediato me levanté del sofá y caminé hacia la cocina, queriendo saber más sobre esta joven de quien mi hermana no podía dejar de hablar.

—¿Quién es esta chica de la que hablas, Lety? —pregunté parado en el marco de la puerta.

—¡Pepe!, creí que no oías nada —comenzó a reír.

—¿Cómo se llama?, ya me dio curiosidad la muchacha que quieres para cuñada.

—No sé, pero trabaja en el departamento de perfumería. Le digo a mamá que se ve que es muy amable y como tú no has tenido novia, pues... —dijo con un tono al mismo tiempo insinuante y provocador.

—¡Sí he tenido!, pero nada serio.

—Pepe, nunca has tenido novia. Tener una cita y estar en una relación son dos cosas diferentes —exclamó mi madre mientras cortaba las cebollas para el pozole.

—Supongo que tienes razón. Pero pronto encontraré a la chica de mis sueños. Además, ¡no tengo prisa! ¿Cuánto falta para que la cena esté lista?

—Muy poco —dijo mi mamá.

En efecto, no había tenido novia. Si bien había salido con algunas chicas de la universidad, nunca se había tratado de algo serio y todo quedaba en eso: simples salidas. Pero mi hermana se había encargado de despertar en mí el interés por esa joven tan linda, tan buena, tan agradable, que según ella había conocido.

Mientras la cena estaba lista, fui a recostarme un rato en la cama. Tendido, mirando al vacío, empecé a imaginar a la muchacha que mi hermana estaba describiendo. Por lo que sabía, Lety podría estar exagerando para que yo me interesara en ella. Quería conocer el color de su pelo y su piel. Pensé que debía ir al mostrador de perfumes a verla con mis propios ojos.

No pasó un día en que no pensara en ella, y un día, por fin tuve el valor de ir a la tienda departamental donde trabajaba. Solo sabía que era mexicana y que tenía ojos verdes brillantes. No tardé en reconocerla cuando la vi detrás del mostrador.

Mientras caminaba hacia ella, miré sus ojos almendrados, su cabello negro rizado y su hermosa piel. Lety definitivamente no exageraba acerca de lo hermosa que era. Cuando me acerqué al mostrador, estaba ocupada atendiendo a un cliente y no me atreví a importunarla. Me contenté con solo mirarla...

—Lety, ¡la vi! —fue lo primero que le dije a mi hermana la siguiente vez que estuvimos juntos.

—¿La viste?, ¿y qué te pareció? Es bonita, ¿no crees?

—Mucho, es... no sé ni cómo decírtelo, pero sentí algo especial.

—¿Especial?.. Alguien está flechado —me dijo en tono divertido más que burlón—. ¿Y qué le dijiste?

—¿Decirle?, no, nada; solo la vi de lejos, no hablé con ella.

—¡Caray, Pepe!, ¿y qué esperas? —hizo una pausa a manera de reflexión. ¡Vaya pregunta!, me conocía bien y sabía que era muy tímido—. Yo hablaré primero con ella.

—¡Gracias!, eres un encanto —la abracé mientras ella se reía de mi inseguridad.

La siguiente vez que mi hermana fue al centro comercial entabló conversación con ella. Supimos que se llamaba Adela, que era originaria de Cotija, Michoacán, un pueblo como a dos horas de La Piedad. ¡Pensé que era una buena señal! No hace mucho había terminado con su novio, por lo que no estaba interesada en conocer a alguien más que le pudiera romper el corazón. ¡Mala suerte! Lety continuó visitando el departamento de perfumería de Macy's esporádicamente durante un par de meses para crear una relación con Adela. Después de seis meses por fin la convenció de salir en una cita a ciegas conmigo. Años después, Adela me confesó que la única razón por la que aceptó salir conmigo fue que mi hermana dejara de molestarla para que me conociera.

Me aseguré de llegar a tiempo a mi primera cita con Adela. El plan era encontrarme con ella al final de su turno y luego llevarla a cenar. Mi corazón latía un poco más rápido de lo normal, mis manos sudaban, en fin, yo estaba tan nervioso como un adolescente. Ahora, mirando hacia atrás, no puedo evitar reírme de lo ridículo que debí haberme visto en nuestro primer encuentro.

—Señorita, buenas tardes.

—Buenas tardes, dígame, ¿en qué puedo ayudarlo?

—Estoy buscando a Adela.

—A sus órdenes, yo soy Adela —tal parecía que se divertía con mi evidente nerviosismo.

—Soy José Hernández, hermano de Leticia y… pues, tengo entendido que tenemos una cita —le dije mientras frotaba mis manos contra el pantalón intentando secar el sudor de las palmas.

—¡Ah! usted es José —respondió con una sonrisa para hacerme sentir más tranquilo—. Mi hora de salida es en 10 minutos. Si me permite, en un rato nos vamos.

—Claro, tome su tiempo.

Fuimos al restaurante Black Angus en Stockton. Por suerte, comencé a relajarme más mientras conversábamos. En general era tímido con las chicas, pero no fue el caso con Adela. Ella era única, en comparación con las otras muchachas con las que había estado. Fue como si nos conociéramos de muchos años. Había algo en sus ojos que me hacía sentir calmado, mientras que al mismo tiempo hacía que me perdiera por completo.

Nuestra conversación fluyó con facilidad hasta que noté un cambio en ella.

—¿No te sientes bien? ¿Quieres que te lleve a tu casa? —pregunté como todo un caballero.

—No, gracias. Estoy bien —respondió.

—¿Estás segura? No te ves bien. ¿Es algo que hice o dije?

—No. Es solo que no eres como los otros chicos con lo que he estado. Puedo ver desde ahora que eres especial.

"¿Especial?" No podía creer que había usado esa palabra para describirme.

—Gracias. Yo creo que tú eres especial también.

—¿De verdad?

—Sí.

Adela me miró en silencio con sus hermosos ojos verdes. Mucho más tarde me confesó que estaba muy nerviosa porque no quería arruinar sus posibilidades de una segunda cita diciendo o haciendo algo mal.

Dos semanas después, tras un viaje de la compañía a Kansas City, volví a verla. Todo era más fácil para ambos y con esa confianza nuevamente salimos a comer.

—Sabes, José, yo también soy de Michoacán. Y mi familia en verdad es muy unida, y nos apoyamos mucho, como en la tuya. Solo estamos tratando de lograr algo en la vida, como todos los demás. De seguro sabes a lo que me refiero.

—Claro que sí. Es difícil para nosotros como hijos de primera generación triunfar aquí en Estados Unidos. Pero solo recuerda, todo es posible.

—¿Incluso cuando todo está en tu contra y ya no lo crees? —dijo con una voz triste.

—Sí, Adelita, incluso cuando todo está en tu contra. Los sueños se hacen realidad; solo tienes que creerlo con todo tu corazón.

—¿Tú tienes sueños, José?

—Sí. Algún día te contaré sobre ellos —respondí con sinceridad mientras tomaba su mano por primera vez.

Volví a casa. Miré hacia el cielo aquella noche como lo había hecho millones de veces antes. Esta vez, sin embargo, las estrellas no me hicieron pensar en mi infancia, sino en sus ojos. La luna menguante, que me acompañó en mis muchos viajes hasta La Piedad cuando era un niño, me recordó su sonrisa. Y el cielo de la noche me recordaba su pelo negro.

Comenzaba a sentir algo que jamás había sentido y me di cuenta que estaba enamorado de Adela. No sabía qué hacer a continuación. "¿Debo pedirle que sea mi novia?". "¿Es demasiado pronto para preguntar?". "Si es así, ¿qué pasaría si ella dijera que no?". Éstas fueron solo algunas de las tantas preguntas que surgieron en mi mente. Esa noche no pude dejar de pensar en mi Adelita y sus hermosos ojos verdes.

CAPÍTULO

6

"El que persevera, alcanza"

◄ Con mis hermanos después de pizcar tomates. De izquierda a derecha mi hermano Gil; nuestro abuelo paterno, José; Chavita mi hermano mayor; y yo, Pepe (camisa azul) a los ocho años de edad.

El sentido de las cosas no está en las cosas mismas,
sino en nuestra actitud hacia ellas.

Antoine de Saint-Exupéry (1900-1944),
escritor francés.

ADEMÁS DEL ASESINATO DE MIS TÍOS en Stockton, la muerte de mi abuelo José fue uno de los eventos más devastadores que he experimentado hasta ahora. Me gusta recordar todos los buenos momentos que pasamos cuando miro las fotografías que tomamos juntos en La Piedad y en los campos del norte de California.

Fue en 1991 cuando "cerró sus ojos", como decimos en el pueblo. Después de tanto trabajo, su cuerpo cansado se fue a descansar para siempre, pero yo no quiero recordarlo así, inerte, como lo vi por última vez. Prefiero imaginarlo y reír con su risa, y seguir aprendiendo de sus sabios consejos.

Mi familia y yo hicimos un viaje organizado a toda prisa a La Piedad para reunirnos con él una última ocasión. Pero cuando llegamos ya era demasiado tarde; había fallecido horas antes de que pudiéramos llegar. Nos quedamos a su funeral y entierro. Nunca entendí por qué la gente se acerca a mirar a sus seres queridos en el ataúd. Yo no me atrevía a hacerlo... hasta ese día. Durante mi vida tuve que ir a algunos funerales, pero jamás me había enfrentado a la experiencia de asistir a uno en donde "el que se va" es un ser tan querido. Es terrible.

Y cuando yo me muera ni luz ni llanto
ni luto ni nada más,
ahí, junto a mi cruz
tan solo quiero paz...

◀ Moño rosa, símbolo de la lucha contra el cáncer de mama, en la esquina de la 5a. y Market, en el centro de Louisville.

Se escuchaban las estrofas de "El andariego" en el pequeño cementerio. Lágrimas, los ojos hinchados de mi padre, de mis tíos. Las gargantas secas, todos ahogados por la tristeza. Esa noche mi abuelita Cleotilde estaba inconsolable. Lloró tanto que de pronto se le acabaron las lágrimas que iba secando con los bordes del chal negro que cubría su rostro. Se quedó en medio de un silencio inquietante y miró al cielo. La escuchamos decir: "Te voy a extrañar tanto, mi viejito lindo, que sin ti me voy a morir de pena".

Solo tú, corazón, si recuerdas mi amor
Una lágrima llévame por última vez
En silencio dirás una plegaria,
y por Dios, olvídame después...

Tras el funeral fui a Ticuítaco, al mismo lugar donde él y yo solíamos quedarnos a ver la puesta de sol, y con ella, las "chispitas" de oro que brillaban sobre la presa. Había muchas estrellas iluminando la oscuridad, entre ellas la primera que vimos, la nuestra. "Pide un deseo", me hubiera dicho mi abuelo. Y lo hice: "Deseo que donde quiera que esté, mi abuelito José siempre esté orgulloso de mí, no importa lo que haga".

Fue en ese momento cuando me di cuenta de que el cuerpo de nuestro ser querido es lo único que descansa por toda la eternidad, no su espíritu; y esas personas solo se van cuando dejamos de pensar en ellas. En mi mente no hay duda de que mi abuelo está en el cielo, observándome orgulloso, a mí y a mi familia.

Dios quiso que la agonía de mi abuelita fuera corta. En poco tiempo, el Alzheimer le arrebató el dolor y los recuerdos. Poco a poco su mente fue escapando de este mundo y luego fue a reunirse con su alma gemela, mi abuelo José.

Dicen que las tragedias vienen de tres en tres, y esta vez resultó ser igual, ya que poco después de la muerte de mis abuelos paternos vino la de mi abuela materna, Chayo. Me dolió no poder asistir a su funeral. En ese entonces trabajaba en la arena de no-proliferación nuclear para el Lawrence Livermore National Laboratory y estaba en mitad de un viaje internacional de negocios de tres semanas al centro de la Federación Rusa. Al regresar a casa, mi mamá me contó que mi abuela Chayo había sucumbido a un cáncer de estómago. Nunca supo que estaba enferma hasta que ya fue muy tarde para tratarla; pero al final, mi mamá dijo que se fue en paz. Mi único consuelo fue que pude visitar su tumba meses después en el cementerio ubicado en las afueras de Ticuítaco.

Después de la muerte de mis abuelos, La Piedad y Ticuítaco dejaron de ser esos lugares especiales que una vez fueron cuando ellos vivían. A pesar de que todavía tenemos familiares ahí, mi familia y yo poco a poco empezamos a dejar de frecuentar la tierra mexicana.

La modesta casa de ladrillos de dos pisos que mi padre por fin terminó, se quedó vacía por muchos años, hasta que mi padre le pidió a su hermana —mi tía Rosa— y a su familia que se mudaran a la casa. Mi familia y yo regresamos a Stockton, California, donde retomamos el curso de nuestras vidas.

Sabía que mi abuelo estaría orgulloso de mí si lograba lo que yo siempre le pedía a las estrellas: ser astronauta. No iba a renunciar a mi sueño, estaba decidido a hacerlo realidad. Sin embargo, el camino no sería nada sencillo...

Trabajaba, junto con un gran equipo, en la creación de un sistema que se activaría en caso de un ataque a la nación. Científicos e ingenieros nos involucramos en el desarrollo de un láser nuclear de pulsaciones de rayos X. Este láser iba a desarrollarse y después desplegarse en el espacio como parte de la Strategic Defense Initiative (SDI, Iniciativa de Defensa Estratégica) del entonces presidente Ronald Reagan en 1983, apodado por la prensa como el programa de defensa "Star Wars" (Guerra de las Galaxias). Este programa, claro resultado de la era de la Guerra Fría, serviría como un escudo de defensa en órbita que tendría la capacidad de desactivar, por medio de pulsaciones de rayos X de alta energía, los sistemas electrónicos de control de misiles enemigos lanzados hacia nosotros.

Con la desactivación de los sistemas que guiaban los misiles enemigos, la creencia era que tales misiles no alcanzarían sus objetivos. Era claro que este sistema se había diseñado por si la antigua Unión Soviética lanzaba un primer golpe nuclear ofensivo. Tomó años de labor intensiva y sacrificio, sin mencionar muchas pruebas nucleares subterráneas, para desarrollar dicho sistema. Aunque nuestro trabajo incluía el uso de dispositivos nucleares, estuve orgulloso de haber trabajado en este proyecto, ya que fue algo que tuvo la capacidad de prevenir la muerte de millones de vidas inocentes.

8 de diciembre de 1991: disolución de la URSS

Nosotros, las repúblicas de Bielorrusia, la Federación Rusa (RSFRSR) y Ucrania como estados fundadores de la URSS, firmantes del Tratado de la Unión de 1922, en lo sucesivo denominadas altas partes contratantes, constatamos que la URSS como sujeto de derecho internacional y realidad geopolítica, deja de existir.

Se esperaba que un día la Unión de Repúblicas Socialistas Soviéticas (URSS) se disolviera, y cuando eso sucedió, la noticia corrió por todos los periódicos, programas de radio y de televisión, generando especulaciones acerca de lo que vendría a continuación, más aún después de la caída del Muro de Berlín. ¿Qué pasaría con el comunismo?, ¿con la economía? En el Livermore no estábamos ajenos a éstas y otras preguntas.

No pasó mucho después de la caída de la Unión Soviética para que los caros programas de defensa "Star Wars", como nuestro láser de rayos X, se cortaran de tajo del presupuesto gubernamental. Nunca hubo necesidad de completar el desarrollo del sistema de defensa del láser de rayos X a desplegarse en el espacio. La mayoría de mis colegas en el proyecto se movieron de inmediato a planes alternativos del Laboratorio. Otros, como yo, nos quedamos un poco más para asegurarnos de que cerraran y documentaran el programa de manera adecuada. Durante este periodo tuve tiempo de contemplar la importancia histórica de los programas de la era "Star Wars" de Reagan. Aunque muchos no estuvieron de acuerdo con la estrategia de Estados Unidos de gastar vastas cantidades de dinero en proyectos de defensa, dicha estrategia funcionó, y afectó a la antigua Unión Soviética. Hay que dar crédito a los avances de proyectos de escudos de defensa, como nuestro láser de rayos X, para favorecer la disolución de la URSS. Mi propia conclusión me lleva a creer que en un esfuerzo por estar a la par de Estados Unidos, la antigua Unión Soviética dedicó la mayor parte de su presupuesto a programas similares y prestó menos atención a su economía e infraestructura internas. Como resultado, crearon la tormenta social y económica perfecta, que condujo al descontento de la gente y a la disolución de la URSS.

Comenzamos a cerrar el programa del láser de rayos X. Como es típico de los programas cancelados, una gran cantidad de trabajo se desperdiciaría. No era justo desaprovechar todo ese nuevo conocimiento, así que pensé entonces que nuestro trabajo podría aplicarse en otra área. Una pregunta comenzó a rondar por mi mente: ¿cómo podíamos utilizar para nuestro beneficio el conocimiento adquirido del trabajo en el láser de rayos X? Mi jefe y mentor, Clint Logan, estaba por completo de acuerdo en esto. Tanto él como yo pensábamos en el asunto constantemente, incluso en nuestros días de descanso. Estábamos seguros de que podríamos encontrar algo que se beneficiara con nuestra amplia investigación. Era como si tuviéramos una respuesta, pero sin saber la pregunta.

—Es una pena. Trabajamos sin descanso para desarrollar este sistema y ni siquiera pudimos verlo en acción —dijo Clint.

—Lo sé. Pero gracias a Dios no vivimos en un ambiente donde sea necesario. ¡Volvería a escoger la paz cualquier día!

—Sí, tienes razón José, pero estábamos tan cerca… —dijo mirando al infinito, esperando que alguien lo escuchara y nos ordenara que continuáramos trabajando en el programa del láser de rayos X.

—¡Espera un minuto! Se me acaba de ocurrir cómo podemos usar nuestro conocimiento del sistema para algo más.

—¿De verdad? —pregunté emocionado.

—Sí. Podemos utilizar nuestras herramientas de modelado de rayos X en el área de imagenología médica. Sabemos cómo los rayos X interactúan con la materia, y nuestros modelos pueden usarse en los regímenes de energía similares a los usados para la imagen humana y el tratamiento terapéutico con rayos X.

Clint siempre estuvo un paso adelante de mí debido a su experiencia, sin embargo confiábamos en nuestro mutuo trabajo científico, lo que nos hacía un buen equipo. Comenzaron a surgir muchas ideas, pero ninguna que en realidad ameritara más exploración. Hasta que decidimos poner en marcha una en el área de la medicina. Fue entonces cuando nos enteramos de que uno de los temas de investigación más discutidos era la interpretación y el diagnóstico de las mamografías para la detección precoz del cáncer de mama. Llevamos a cabo la investigación y llegamos a la conclusión de que los sistemas de mamografía de rayos X se utilizaban desde hacía 20 años. Esto aplicaba en particular para la parte de formación de la imagen de un dispositivo para mamografía. En otras palabras, estábamos convencidos de que podíamos crear un diseño totalmente nuevo para un sistema de mamografía con rayos X.

Al fin encontramos la pregunta a la respuesta. Es irónico pero no había pasado mucho tiempo desde que diagnosticaron con cáncer de mama a la esposa del jefe de nuestro programa, y el pronóstico no era bueno. Por otra parte, yo acababa de perder a una joven amiga a causa de esta enfermedad.

En muchas ocasiones, serví como intérprete para mi amiga de 28 años y su esposo cuando iban al doctor a recibir tratamiento. Quedé atónito al descubrir que una de cada ocho mujeres en Estados Unidos adquiere esta terrible enfermedad. No se necesita ser un científico de cohetes (aunque yo soy uno) para decir que la clave para combatir cualquier tipo de cáncer es la detección temprana; se han salvado numerosas vidas gracias a la detección temprana. ¡Nuestro concepto de desarrollar una mamografía mejorada tenía la capacidad de hacer justo eso!

Clint y yo teníamos lluvias de ideas todos los días y en todas partes. Las anotamos en hojas de papel, pizarras, servilletas, etiquetas adheribles y básicamente en toda superficie en la que se pudiera escribir, y que estuviera a nuestro alcance. No pasó mucho antes de que se nos ocurriera un plan para utilizar nuestras habilidades de modelado Montecarlo 3D en rayos X a fin de diseñar una fuente de rayos X más eficiente. Nuestro enfoque era simple pero elegante: en vez de utilizar los sistemas tradicionales de película que los doctores usaban para capturar la imagen, y así interpretarla en una mesa iluminada, decidimos emplear detectores electrónicos, muy parecidos a los que ahora tienen las cámaras digitales para capturar la imagen de manera instantánea. Esto eliminó el proceso de revelar la película y llamar de nuevo a las pacientes en caso de una mala exposición. Al completar con éxito el diseño de nuestra fuente de rayos X y del sistema de captura de imagen, ¡nos dimos cuenta de que éste sería el primer sistema de mamografía digital total de su tipo! Ahora podía utilizarse una computadora para registrar la mamografía digital en la pantalla y al final ayudaría a desarrollar un área nueva de estudio llamada "diagnóstico asistido por computadora".

Clint y yo estábamos listos para presentar nuestro diseño como resultado del análisis. Estábamos dispuestos a demostrar que dicho diseño era el más eficiente sistema de mamografía digital, y que daría lugar a mejores resultados ya que producía una imagen superior a la tecnología utilizada.

Cuando Clint y yo nos estábamos preparando para trabajar más en nuestra idea, recibimos una llamada del área de propuestas del Departamento de Energía (DOE). Curiosamente, al DOE también le preocupaba que con la reciente cancelación de los proyectos de escudos de defensa como el nuestro, mucha de la tecnología desarrollada bajo la iniciativa "Star Wars" se perdería; por tanto, para evitar que este escenario se volviera una realidad, DOE creó el programa Cooperative

Research and Development Agreement (CRADA, Acuerdo de Desarrollo e Investigación Cooperativa), el cual brindaba fondos que permitían a los investigadores de laboratorios nacionales, como el Lawrence Livermore, asociarse con compañías estadounidenses y transferir tecnología avanzada no clasificada en un esfuerzo por hacer a las empresas estadounidenses más competitivas.

En resumen, éste era un programa "Swords to Plowshares" (donde las tecnologías se convertirían en aplicaciones civiles pacíficas) que tenía el beneficio mutuo de mantener empleados a los investigadores desplazados, al mismo tiempo que aumentaba la competitividad técnica de Estados Unidos. Al leer acerca de esta oportunidad de financiamiento, enseguida escribimos a los fabricantes estadounidenses de mamógrafos. Una compañía mediana, Fischer Imaging, con base en Denver, Colorado, respondió casi de inmediato. A continuación forjamos una relación con su presidente, Morgan Nields, y elaboramos una propuesta de tres años con Fischer Imaging como socio comercial. Al presentar nuestra propuesta, nos dijeron que seleccionar los financiamientos tardaría por lo menos seis meses.

Sabiendo esto, me decidí a aprovechar el programa de Livermore de educación continua y me matriculé de nuevo en la Universidad de California, Santa Bárbara (UCSB), para estudiar un doctorado. Mi antiguo asesor de posgrado en la universidad, Sanjit Mitra, me había invitado a unirme a su equipo de investigación como parte del programa de doctorado en Ingeniería. Me hallaba en una encrucijada en mi carrera: no quería entrar en otro programa en el laboratorio porque estaba seguro de que en seis meses se obtendría financiamiento para el proyecto de la mamografía digital. Por tanto, continuar mi educación mientras esperaba me parecía un enfoque razonable. La lógica era simple: me inscribiría y tomaría clases de posgrado con énfasis en biomedicina mientras esperaba la respuesta de la propuesta al DOE. Si la respuesta era positiva, regresaría al Lawrence Livermore National Laboratory y usaría lo aprendido en la UCSB para diseñar un nuevo dispositivo de mamografía digital. Si no teníamos éxito en obtener el financiamiento, me quedaría en la UCSB y terminaría mi doctorado. Le platiqué este plan a Clint, quien no solo era mi jefe, sino también mi mentor, y también concordó en que ésta era una situación donde todas las partes involucradas ganaban.

Después de casi un año escolar completo en la UCSB, al fin supe que el Departamento de Energía había seleccionado nuestro proyecto para financiarlo. Habían sido tres años de duro trabajo tanto en el laboratorio Lawrence Livermore como en Fischer Imaging con la total dedicación de todos los involucrados. El invento prometía ser una pieza vital del equipo en la comunidad médica y el laboratorio se sentía complacido por habernos asociado con Fischer Imaging. En ese momento, yo tenía 29 años de edad, era 1992, un año de grandes oportunidades... por lo menos eso pensaba.

Una probada de rechazo

A principios de 1992 llamé a la Administración Nacional de Aeronáutica y del Espacio (NASA) para preguntar acerca de los requisitos para convertirse en astronauta —un descabellado sueño para muchos. Éstos eran:

- Carrera de ingeniería, ciencias o medicina: *la tengo* ✔
- Cinco años de experiencia: *ya los cumplí* ✔
- Posgrado preferentemente: *lo tengo* ✔

No había nada que me impidiera hacer el trámite. Por tanto, decidí llamar a los encargados del proceso en la NASA y, para mi sorpresa, el operador me puso en contacto con la oficina de selección de astronautas. Como parte del primer paso me enviaron una solicitud de 12 páginas. Llené puntualmente una por una y la mandé de vuelta. Poco después llegó la confirmación de recepción: "Gracias por su interés. Nosotros lo llamaremos en caso de que deseemos atender su candidatura".

No pasó un día en que no revisara mi correo desde que supe que iban a seleccionar a una nueva clase o grupo de astronautas ese mismo año. Finalmente llegó una carta por correo cuatro meses después de haber recibido la confirmación de mi solicitud. Decía lo siguiente:

Gracias por su interés en la NASA. Por el momento, hay muchos solicitantes calificados que piden posiciones de astronauta en la Agencia. Por desgracia, no podemos invitarlo a una entrevista para este ciclo de selección. Le recomendamos continuar con su solicitud para futuros ciclos de selección.

Después de leer la carta que me negaba la oportunidad de convertirme en astronauta, me decepcioné. Adelita estaba allí para consolarme: "Hay más tiempo que vida, no te deprimas, tu oportunidad llegará". ¡Qué bien me sentía escuchando esas palabras! Sin embargo, yo me seguía preguntando cuándo se presentaría esa oportunidad. No obstante, no tenía más opción que seguir con mis responsabilidades, así que, mientras tanto, me dediqué a averiguar por qué la NASA me había rechazado. Algo me faltó.

De vuelta en el laboratorio, la triste noticia se comenzó a difundir: la esposa de nuestro jefe estaba perdiendo su batalla contra el cáncer de mama. A partir de ese momento, el desarrollo continuo del mastógrafo digital de amplio espectro para la detección temprana del cáncer de mama se convirtió en nuestra misión personal.

La frase "salvar una vida" nunca había significado tanto para mí como después de la muerte de la esposa de mi jefe y mi amigo. No solo teníamos la ocasión, sino la responsabilidad de usar nuestra tecnología y conocimiento para completar lo antes posible el desarrollo del dispositivo como una nueva herramienta para la detección oportuna del cáncer mamario. Hoy estoy convencido de que, debido a nuestras contribuciones en el campo de la imagenología médica, muchas mujeres todavía están vivas.

Trabajamos con algunos de los doctores más renombrados del país en la University of California de San Francisco para comprender mejor cómo diagnosticaban con las radiografías. Aquí aprendimos que los doctores buscaban posibles precursores del cáncer de mama, como microcalcificaciones, distorsiones asimétricas, lesiones estrelladas y circunscriptas. Enfatizo "posibles precursores" porque incluso si la mamografía de una paciente contenía dichas indicaciones, no significaba necesariamente que tuviera cáncer. Se necesitan muchas otras pruebas, que abarcan procedimientos como las biopsias con aguja, antes de poder hacer un diagnóstico preciso.

Tras efectuar la mayoría de nuestros análisis en el diseño de este dispositivo, y mientras Fischer Imaging construía varios dispositivos de prueba, se diseñaban pruebas y estudios de eficacia para realizarse bajo la vigilancia de la Food and Drug Administration (FDA, Agencia de Alimentos y Medicamentos), un paso necesario para cualquier nuevo dispositivo de imágenes médicas antes de poder ser de uso general. Pasaron muchos meses de ajustar, estudiar, probar y demostrar el dispositivo antes de que Fischer Imaging pudiera decir por fin: "¡Está listo para pasar por el proceso de aprobación de la FDA!". Los tres años de desarrollo de este dispositivo pasaron volando mientras Fischer Imaging se embarcaba en el largo proceso de aprobación de la FDA.

Sin embargo, estábamos emocionados con su lanzamiento. "La mamografía digital total se desarrolló con tecnología de láser de rayos X. Funciona como las cámaras digitales actuales. Captura una imagen de mamografía y la transfiere de inmediato a una computadora donde el doctor puede analizar y detectar de manera efectiva los primeros signos del cáncer de mama. Además, la computadora puede programarse para ayudar al médico a resaltar áreas de interés", explicó Clint mientras Fischer se preparaba para poner el dispositivo en el mercado.

Fue un éxito total. Nuestro proyecto de mamografía digital se volvió el emblema del DOE cuando promocionaron los beneficios de aplicar la tecnología originada de los programas de defensa nacional a usos más pacíficos. La comunidad médica vio el potencial del dispositivo y aplaudió nuestros esfuerzos. Poco después del éxito inicial con Fischer Imaging, compañías más grandes de fabricación de equipo médico como GE y Siemens comenzaron a trabajar en sus propias versiones. Tomamos esto como un cumplido y estábamos felices de que la comunidad médica explotara los beneficios de la tecnología de imagen digital de alta resolución. Poco más adelante, la tecnología de detectores de estado sólido había avanzado tanto que los generadores de imágenes de áreas más grandes para aplicaciones como rayos X del pecho y escáneres CT en 3D comenzaron a presentarse en la comunidad de imagenología médica.

Con honestidad puedo decir que éste ha sido el proyecto que me ha traído más satisfacción. Aprendí una lección importante: hay más de una estrella en el cielo y más de una meta y propósito en la vida.

Continué trabajando sin descanso en otros proyectos, hasta mi boda el 30 de mayo de 1992…

Durante más de dos años, Adela y yo estuvimos "echando novio", como dicen en mi tierra. No había prisas ni adversidades. Ambos sabíamos a la perfección que éramos el uno para el otro y el tiempo nos dio la razón. Así que por fin un día le pregunté: "Adelita, ¿quieres casarte conmigo?". Ella, entre hondos suspiros, una hermosa voz trémula y una risa nerviosa, me dijo que sí.

"¿Para qué llegar a la cima de la montaña si no tienes con quién compartir el triunfo?". A partir de entonces ya no estaría solo en el camino, el alma gemela de la que todos hablan, la compañera de vida que estaría a mi lado en todo momento la encontré en Adela; en ella, quien desde ese momento ha sido mi amor, mi cómplice y mi mejor amiga.

Intercambiamos votos en una ceremonia católica tradicional en Lodi, California, y tuvimos una recepción en el patio trasero de la casa que mis padres y yo compartíamos. La fiesta se celebró en el jardín de la casa; ¡todo muy mexicano! Mis papás, los de ella, la familia, los amigos; todos reunidos, participando de nuestra felicidad. Todo perfecto. Mariachis, tequila, comida típica, alegría y mucho canto. Nuestros amigos y familiares estuvieron presentes para celebrar nuestra alegría. Cuando miro las fotos de mi boda no puedo dejar de maravillarme por la belleza de mi esposa. Hasta hoy, nunca he visto tanta hermosura en otra mujer.

—Sabía que éramos el uno para el otro desde que te conocí —le susurré al oído mientras dábamos nuestro primer baile como marido y mujer.

—Yo también lo sabía —confesó con una sonrisa.

Por un instante, nos escapamos sin que los invitados se dieran cuenta… solo ella y yo bajo las brillantes estrellas de la noche. La miré a los ojos y ella, tímida, recargó su cara en mi hombro mientras tarareábamos las canciones de Armando Manzanero: "…y contigo aprendí que yo nací el día en que te conocí".

Para nuestra luna de miel elegimos como destino España. En Madrid pasamos la primera de nuestras noches como esposos. Fueron dos semanas maravillosas.

Al volver del viaje, aterricé en el mundo real pero aún con mi sueño de convertirme en astronauta, así que me acerqué otra vez a la NASA. Me esperaban: la solicitud de empleo que me sabía de memoria, la documentación, los trámites y la espera. Luego de cuatro meses recibí la misma respuesta y tuve la misma reacción. Este proceso de solicitar y ser rechazado se repitió cada año mientras continué trabajando en el Livermore. Cuando recibía una carta de rechazo de la NASA, me recordaba que hay más de una estrella y una meta en la vida. No tuve más opción que seguir con mi vida. La influencia positiva de Adelita me ayudó a desarrollar un equilibrio sano entre el trabajo y la familia, evitando así que me consumiera el anhelo de convertirme en astronauta.

Una vez que completamos el proyecto de mamografía digital, me ascendieron al puesto de jefe del Grupo de Química y Análisis de Materiales dentro de la División de Ingeniería y Ciencias de Defensa del Departamento de Ingeniería.

Este fue el grupo en el que trabajé al principio como interno mientras estudiaba en la Universidad Pacific. El grupo brindaba soporte técnico de ingeniería para la Dirección de Química del laboratorio. Como líder de este grupo, aprendí muchas cosas y desarrollé habilidades para manejar y motivar a una amplia gama de personal técnico, además de administrar las tareas para asegurar que estuvieran a tiempo y dentro del presupuesto. Sin embargo, anhelaba regresar al área técnica y me consideraba todavía muy joven para adentrarme de lleno en el mundo de la administración.

Después de tres años de estar al frente de este grupo, vi una gran oportunidad de regresar a un proyecto técnico práctico. El Departamento de Energía estaba solicitando la participación de personal de laboratorios nacionales para trabajar en el desarrollo de medidas técnicas de transparencia en la celebración de un contrato de compra de uranio altamente enriquecido entre el Departamento de Energía de Estados Unidos y el Ministerio de Energía Atómica de la Federación Rusa. Este proyecto fue una de varias soluciones realizadas en conjunto por ambos países para resolver el problema de qué hacer con los científicos rusos de la era de la Guerra Fría y con el material nuclear para armas, como resultado del desmantelamiento de armas nucleares sobrantes de Rusia. El contrato de compra disponía que la Federación Rusa vendiera a Estados Unidos más de 12 toneladas métricas de uranio altamente enriquecido en un periodo de 20 años. Sin embargo, Rusia no quería vender el uranio como material para armas; en vez de eso, pretendía que se mezclara químicamente para venderse como material para combustible. Esto le pareció bien a Estados Unidos, ya que al recibirlo lo convertiría en pastillas y lo ensamblaría en barras para revenderlas a la industria de reactores nucleares como combustible. Era una situación donde todos ganaban. Estados Unidos se aseguraría de que el material nuclear sobrante no cayera en manos de organizaciones o países peligrosos, mientras que Rusia conseguiría su meta de mantener a sus científicos nucleares empleados. La única preocupación era que el gobierno estadounidense quería cerciorarse de que el uranio para combustible que le presentaban se originaba en efecto del desmantelamiento de armas nucleares. Estados Unidos estaba pagando mucho por este uranio para combustible y hubiera sido tentador para los rusos utilizar sus miles de centrifugadores para enriquecer uranio natural, acabando así con el "espíritu" de dicho contrato.

Me uní a un grupo de ingenieros y científicos que formaron el brazo técnico del Departamento de Estado y del Departamento de Energía durante las negociaciones con base en Ginebra, Suiza, con sus contrapartes rusas. En estas reuniones fuimos capaces de desarrollar y negociar acuerdos de satisfacción mutua que permitirían cierto nivel de transparencia y daban al gobierno estadounidense las garantías necesarias de que todo el uranio recibido bajo este contrato de compra se originaba de armas nucleares rusas desmanteladas.

En el proceso, formamos lazos estrechos y establecimos relaciones sólidas con nuestros colegas rusos. Además, los Laboratorios Nacionales tenían la responsabilidad final de implementar los aspectos técnicos del contrato. Por ello, durante los siguientes cinco años viajé en más de 20 ocasiones diferentes a través de varias partes del campo siberiano ruso, a sus instalaciones de procesamiento de materiales nucleares, donde instalamos equipo de monitoreo de acuerdo con el contrato. Sobre todo, fue una gran experiencia al ayudar a establecer un lazo sólido entre ambos países.

————————

Pensé que era una gran ironía: comencé a trabajar en el Livermore en un proyecto "Star Wars" para proteger a Estados Unidos de un ataque de misiles rusos, y después pasé a formar parte de un equipo cuyo objetivo era unir a ambos países y ayudar a los rusos a deshacerse de su material nuclear sobrante como resultado de sus esfuerzos por reducir armas nucleares. Fue un proyecto muy exitoso que en la actualidad se sigue llevando a cabo.

————————

Para llegar a Rusia se requieren más de 12 horas de vuelo; el frío que cala hasta los huesos te da la "bienvenida" en cuanto uno sale del aeropuerto. Todo en Moscú es hermoso, pero mi destino no era esta ciudad, con su delicado balance entre antiguo encanto y modo de vida cosmopolita, sino Siberia. Kilómetros de bosque, de frío y nieve hasta que por fin llegamos. Siempre arribábamos a ciudades "cerradas" donde solo se permite la entrada a unos pocos extranjeros. En ellas, el gobierno tiene instalaciones como la de materiales nucleares que yo iba a visitar. Estas ciudades son autosuficientes y los habitantes plantan sus propias verduras junto a sus "dachas", cabañas sencillas y austeras, igual que la vida de esas personas. Me parecía que tenía un ligero aire a La Piedad; ¡qué curioso sentirme tan lejos y a la vez tan cerca!

Mis experiencias en estos veintitantos viajes a Siberia fueron increíbles y agotadoras. Durante uno de esos recorridos por las carreteras rusas, llegué a una conclusión importante:

_____

Nada en la vida pasa o se logra por casualidad. Las metas y los sueños se realizan gracias a la planificación, la perseverancia y el trabajo duro.

_____

Mientras apoyaba la cabeza contra la ventana del coche de propiedad estatal que nos llevaba al hotel, pensé que, más allá de mi sueño de infancia, ya había logrado graduarme de la universidad y trabajar en uno de los laboratorios más prestigiosos de Estados Unidos y el mundo. Pero aún así, quería más. Había trabajado duro y sin descanso para alcanzar todo eso. Los tres proyectos en los que había participado durante mis primeros 12 años en el Lawrence Livermore National Laboratory me ayudaban a dar un paso más hacia mi meta de ser astronauta. Fue el conocimiento que obtuve del láser de rayos X, los materiales y las pruebas no destructivas, lo que me dio la formación y la experiencia que pensaba eran necesarias para ser un candidato viable para el programa de astronautas de la NASA. Mi tiempo trabajando junto a los rusos también fue útil porque en ese momento había pláticas entre Estados Unidos y Rusia para crear una Estación Espacial Internacional (EEI). También tomé clases de vuelo en el aeropuerto municipal. La primera vez que volé solo fue después de completar cerca de 30 horas de vuelo de práctica en el aeropuerto municipal de Tracy.

_____

Por fin viví mi sueño de la infancia de volar incluso más alto que las aves. Lo hice en un Cessna 152 y por encima del poblado de Tracy, al oeste de Stockton. Mi instructor me permitió volar solo y experimenté una sensación inexplicable.

_____

Me sentí como un ave joven que estaba aprendiendo a volar por primera vez sin la ayuda de su madre. Me elevé cerca de 5 000 pies sobre el suelo, esquivando las pocas nubes que salieron ese día. Fue algo mágico; no podía creer que tenía la capacidad de controlar un avión por mí mismo, y al hacerlo, también mi destino. Ahora comprendo por qué los aviadores adoran volar en cada oportunidad que tienen.

Después de aterrizar me sentí poderoso: "Si puedo aprender a volar, también tengo el valor para alcanzar las estrellas". En ese momento, me hubiera gustado acelerar la selección en el programa de astronautas de la NASA. Me convencí de que solo sería cuestión de tiempo.

Era 1998 y el Programa de Transparencia de Uranio Altamente Enriquecido (HEU, siglas del inglés High Enriched Uranium) se hallaba en plena fase de implementación. Estados Unidos compraba uranio altamente enriquecido en forma de uranio poco enriquecido con la garantía —gracias a nuestros viajes de monitoreo a las instalaciones de procesamiento de uranio en Siberia—, de que se originaba de armas nucleares rusas desmanteladas. Ahora que estábamos abordando bien qué hacer con el material nuclear sobrante, el siguiente problema por resolver en la sede del Departamento de Energía era cómo ayudar a los rusos a salvaguardar el material para armas que decidieron quedarse. Me ofrecieron una asignación del gobierno federal por dos años en la sede del Departamento de Energía en Washington, D.C. Acepté la posición para ser parte de un equipo que formó el programa Materials Protection, Control and Accountability (MPC&A, Responsabilidad, Control y Protección de Materiales). El objetivo de este programa era ayudar a la Federación Rusa a mejorar sus metodologías de protección de materiales nucleares, para lo que se brindaron recursos técnicos y fiscales para cada sitio.

Mi familia y yo comenzamos a prepararnos para la mudanza a Washington. Al mismo tiempo que guardaba mis cosas en cajas y maletas, me puse a pensar en los años en que la NASA me había negado mi admisión en su programa de formación: 1992, 1993, 1994, 1995, 1996 y 1997. Justo antes de salir para cumplir con mi contrato de dos años con el laboratorio, la NASA por fin llamó para ofrecerme la invitación que había esperado toda mi vida.

La persona al teléfono me informó que de un total de más de 4 000 aspirantes, solo 300 habían sido seleccionados para hacer una revisión más detallada de su solicitud, y que de esos 300, solo se había elegido a 100 para la ronda final del proceso de selección, y yo era uno de ellos. También se me comunicó que tenía que pasar una semana completa de exhaustivos exámenes médicos y psicológicos, pruebas de aptitud, así como entrevistas. Esta noticia, aunque la había esperado toda mi vida, me paralizó. No podía sentir mis piernas ni pensar con claridad. Estaba en shock y no podía creer que me encontraba a un paso de finalmente alcanzar mi sueño después de seis años continuos de rechazo. No había nada que pudiera detener la adrenalina que sentía correr por mis venas. Mi sueño de la infancia por fin iba a ser una realidad. En poco tiempo, iba a poder ser capaz de volar más alto que cualquier ave y superar la altura de todas las nubes en el cielo. Todo parecía que iba de acuerdo con el plan, o eso creía yo.

No pasó mucho tiempo antes de que otros finalistas y yo llegáramos al Johnson Space Center en Houston, Texas. Al entrar por la puerta principal, vi el cohete *Saturno 5*. Era el cohete que había puesto en marcha mi imaginación al hacerme pensar en el espacio exterior durante mi infancia, cuando vi al *Apolo 17* despegar y aterrizar en la Luna. Ver tan de cerca al *Saturno 5* me llenó de incredulidad. En mi mente, la ciencia ficción se convertía en realidad.

Nos condujeron a una sala de conferencias donde el gerente de selección de astronautas, Duane Ross, explicó lo que haríamos durante nuestra estancia de una semana. Nos informó que éramos el tercer grupo de 20 candidatos y que otros dos grupos visitarían el Johnson Space Center en las próximas semanas. El propósito de nuestros extensos exámenes era ayudar a determinar si cumplíamos con los requerimientos médicos para una asignación de vuelo. De los 100 finalistas entrevistados, solo entre 10 y 18 serían seleccionados como astronautas. Antes de dejarnos ir, nos informó sobre algunos de los centros espaciales de la NASA ubicados en varios lugares a lo largo de Estados Unidos.

"Hay 10 centros espaciales en Estados Unidos y cada uno se especializa en algo diferente. Aquí en Johnson, nos dedicamos al entrenamiento humano para vuelos espaciales, por lo que, si son seleccionados, se espera que se muden y vivan en el área de Houston. Incluyendo a contratistas, empleamos a cerca de 8 000 personas y tenemos simuladores que nuestros astronautas usan para su entrenamiento. En el Kennedy Space Center (KSC) están los transbordadores espaciales. El KSC tiene los transbordadores espaciales y los prepara para cada despegue. El Ames Research Center, que se ubica en San José, California, es un centro orientado a lo computacional, donde son responsables del equipo de cómputo, simulación y prueba; en el Marshall Center, ubicado en Huntsville, Alabama, están nuestros sistemas de propulsión, y en el Jet Propulsion Laboratory, en Pasadena, y el Goddard Space Flight Center, en Maryland, se controlan nuestros exploradores no tripulados y satélites. Eso es todo lo que quería mencionar antes de enseñarles el lugar", dijo Duane Ross mientras salíamos de la sala de conferencias.

Todos los finalistas pasamos de ocho a 10 horas al día en la NASA, *donde nos
realizaron varios exámenes médicos. Nos revisaron los ojos y los oídos, así
como también analizaron nuestra sangre y orina, además de practicarnos
ecocardiogramas y electrocardiogramas. Estos exámenes estaban diseñados
para detectar cualquier anormalidad, y eran tan detallados que, en promedio,
unos 20 de los 100 finalistas serían descalificados médicamente, dejando solo
a 80 para competir por los codiciados puestos.*

Cada grupo entrevistado de 20 aspirantes a astronautas con sueños similares
formó un lazo muy fuerte. Pasamos la semana juntos franqueando un examen médico tras otro, un recorrido tras otro, e intercambiando nuestras experiencias de
entrevista con el panel de recomendación de astronautas. Incluso cenábamos juntos cada tarde. Las historias de los otros 19 individuos eran en verdad impresio-
nantes: algunos eran pilotos de pruebas de la escuela militar de pilotos, otros eran
pilotos de helicópteros, y otros más eran médicos, ingenieros o científicos como yo.
Todos con carreras muy distinguidas. En ese momento entendí por qué me había
tomado tanto tiempo llegar a ese punto. En pocas palabras, la reñida competencia
era con individuos extremadamente bien preparados que compartían sueños similares. Intercambiamos direcciones de correo electrónico y números telefónicos, a
fin de poder mantenernos en contacto. Después de todo, teníamos el mismo sueño
y todos estábamos consciente de que solo unos cuantos llegarían al final.

Una vez que regresamos todos a casa hubo muchas conjeturas, deducciones
y expectativas que se comunicaban en Internet en cuanto a quién elegiría la NASA.
Aquellos que habían sido descalificados por razones médicas se ofrecieron como
voluntarios para ayudar a los demás a seguir la pista de la amplia variedad de candidatos calificados. Además, hubo muchos mensajes de externos que mostraban
su apoyo. En ese punto, comencé a referirme a la correspondencia por Internet
como la "telenovela cibernética", porque no había mejor forma de describirlo.

Pero la única lista que en verdad importaba era la lista oficial. Yo había pasado de ser uno de los 4 000 solicitantes a formar parte de los 300 semifinalistas.
Luego, a ser uno de los 100 finalistas, y después pasé todos los exámenes médicos
para estar dentro de los 80 seleccionados. No fue hasta que me enteré de que un

agente federal había hecho una visita a mi familia y amigos, en nombre de la NASA, cuando descubrí que, de los 80 finalistas, la lista se había reducido a alrededor de 40. ¡Y mi nombre estaba ahí!

Mi familia y amigos cercanos estaban tan emocionados como yo, si no es que más. Incluso comenzaban a celebrar mi logro. ¡Lo hiciste, José! ¡Enhorabuena! ¡Felicidades! Su entusiasmo me llevó a creer que yo era uno de los finalistas seleccionados.

Duane Ross llamó para decirme: "José, gracias por tu interés en nuestro programa. Lamentablemente no fuiste seleccionado. Te invitamos a continuar atento a las siguientes convocatorias".

Después de años de hacer solicitudes y ser rechazado, así como de estar tan cerca de ser realmente seleccionado para convertirme en astronauta, lo único que pudieron decirme fue, "Gracias por tu interés". Estaba decepcionado. No podía creer que mi sueño estaba tan cerca de hacerse realidad hasta que una llamada telefónica lo derrumbó todo. Pero hay más. Ross continuó con la conversación telefónica y dijo, "José, si estás interesado, nos gustaría ofrecerte una posición como ingeniero aquí en el Johnson Space Center de la NASA. Sin embargo, esto no garantiza que serás entrevistado, mucho menos seleccionado durante el próximo ciclo. Si te interesa hacer de nuevo la solicitud para convertirte en astronauta, necesitas adquirir más experiencia en operaciones, y creemos que puedes ganar este tipo de experiencia y conocimiento aquí en la NASA". No sabía qué pensar en ese momento, y ciertamente no era sabio aceptar una posición sin pensar en todas las consecuencias para mi familia y para mí mismo. Mi respuesta fue pedir unos días para pensar en la oferta.

Cuando recibí el anuncio oficial de que no iba a ser parte de la clase de 1998 de astronautas de la NASA, estábamos en Washington, D.C., y estaba muy metido en mi trabajo para el programa MPC&A. Nadie en la oficina se atrevió a hablar o preguntarme nada por un par de días tras el anuncio. No sabían cómo iba a reaccionar; incluso pensé en ya no volver a hacer solicitud para la NASA nunca más. Miré hacia las estrellas en el cielo nocturno con un sentido de desesperanza esa noche. "Nunca las alcanzaré."

—¿Qué pasa, José? —preguntó Adelita cuando vio tirada en la basura la carta de rechazo que había llegado.

—Nada. Deja eso donde está —le dije.

—¿Por qué? No pertenece al suelo.

Me encogí de hombros como si no me importara nada.

—José —me contestó—. Este es tu sueño, ¿por qué tirarlo a la basura?

—Adelita, no hagas las cosas más complicadas para mí, por favor. Tengo un buen trabajo y me encanta lo que hago aquí en el DOE y de vuelta a casa estaré en Livermore Lawrence. ¿Qué más necesito? Ellos piensan en mí y por eso me trasladaron aquí a Washington. ¿Sabes por qué lo hicieron?

—No, ¿por qué?

—Porque es probable que me asciendan cuando regresemos a California.

—¿Y esa es razón suficiente para olvidar tu sueño de convertirte en astronauta?

No me atreví a contestarle.

—¡No vengas con excusas! —me dijo con una energía que jamás había visto en ella—. Tú me dijiste que todo es posible si de verdad creemos en ello, ¿recuerdas?

Puede que este año no te acepten en la NASA como astronauta, pero siempre está el año siguiente. Y vas a llenar esa solicitud de 12 hojas de nuevo el próximo año, y al siguiente, hasta que te seleccionen, ¿entiendes? No debes rendirte, tú no eres así. Si te das por vencido ahora, tendrás que vivir con la incertidumbre de no saber qué hubiera pasado si no te hubieras derrotado. Si nunca vas a ser astronauta, que sea porque ellos te rechazaron, no porque tú te rendiste.

No dije una sola palabra después de eso, pero sabía que ella tenía razón. Me sentí muy bendecido de haberme casado con una mujer que me apoyó y, sobre todo, significó un gran aliento en los momentos que más lo necesité. Gracias a esa conversación decidí continuar persiguiendo mi sueño de la infancia.

Un sábado por la mañana, poco tiempo después, sonó el teléfono:

—Pepe, es para ti —me dijo Adela mientras me extendía la bocina.

—¿Quién me llama? —le pregunté.

—No me lo vas a creer, pero te llaman de nuevo de la NASA —me dijo Adelita susurrando y tapando la bocina del teléfono.

—¿Sí, diga?

Era Duane Ross, el gerente de selección de astronautas, del Johnson Space Center en Houston. Quería saber si iba a aceptar la posición de ingeniero. Después de todo, era una gran oportunidad. Sin embargo, el Lawrence Livermore Laboratory apenas me había mandado a trabajar en la capital de la nación, y no hubiera estado bien renunciar de repente después de que habían hecho tantos gastos para reubicarme con mi familia en Maryland. No podría contar cuántas veces caminé de un lado para otro pensando en una solución a mi dilema. Me estaba volviendo loco pensando en qué hacer; no quería arrepentirme de mi decisión después. No hace falta decir que no dormí esa noche.

A primera hora del lunes llamé a la NASA. Nadie esperaba mi respuesta, ni siquiera yo mismo, pero fue lo mejor que pude haber hecho: "No, no puedo, gracias". Tuve que explicar la situación de mi empleo, les hablé de Washington, de los gastos que se habían generado por mi traslado a la capital y de las expectativas de mis jefes... No lo tomaron a mal, comprendieron la situación y me dijeron que tal vez —y solo tal vez—, podría ingresar en la próxima convocatoria.

¡No podía creer que había rechazado una oferta de trabajo de la NASA! Pero sabía que era la decisión correcta; había sopesado mucho los pros y contras antes de decidirme. Trataba de entender si había tomado la decisión correcta al rechazar una posición de ingeniería en la NASA, mientras conducía del trabajo a casa más tarde esa noche. Me pregunté una y otra vez: "¿Estoy tomando la decisión correcta? ¿Pensarán que soy alguien que no toma en serio convertirse en astronauta?". Consideré, y continué creyendo, que un día me seleccionarían para volar al espacio, que sí sucedería. Mientras tanto, todo lo que podía hacer era mantener mi mirada en las estrellas, porque ellas nunca me abandonan. La vida seguiría sin importar lo que pasara. Cuando llegué a una luz roja de semáforo, noté el distintivo de oro del Lawrence Livermore en la solapa de mi saco. La luz de la lámpara en la esquina de la calle la hizo brillar con intensidad. "Hay más de una estrella y más de una meta en la vida", murmuré.

Mientras tanto, seguía cosechando logros. Todos ellos fueron reconocidos por la comunidad científica. ¡Qué orgulloso me sentí esa noche!...

Pasó el tiempo, y en 1999, la Sociedad de Ingenieros y Científicos Mexicano-Americanos me otorgó la "Medalla de Oro" por mis contribuciones a la comunidad.

Cada año la Sociedad organizaba un congreso en el que miles de ingenieros y estudiantes se daban cita para compartir experiencias y conocimientos. El evento culminaba siempre con una cena de gala (todas muy parecidas entre sí, según yo), pero en ese año mi perspectiva cambió gracias al reconocimiento de mis colegas.

José Hernández M. es uno de los ingenieros más prestigiados en California. Gracias a su trabajo, la comunidad se ha visto beneficiada y muestra de ello es el invento para la detección del cáncer de mama que tantas vidas ha salvado, y que fue realizado en el Lawrence Livermore National Laboratory, del que forma parte. Es por eso que es un orgullo hacerle entrega de la "Medalla de Oro", el galardón más importante que otorga esta asociación.

Los aplausos de la multitud elevaron mi estado de ánimo hasta un nivel muy emotivo. Fue un momento especial. Mi trabajo estaba siendo recompensado y me sentía muy orgulloso de ser ingeniero. En aquel momento yo era presidente de la sociedad a nivel local, y tres años después me eligieron como su presidente nacional.

Cuando pusieron la medalla de oro en mi cuello pude ver a Adelita llena de orgullo también. Fue un honor para ella.

—Pepe, un logro más. ¿Qué se siente?

—Ay, mi vida, ya pareces periodista —le respondí bromeando mientras conducía.

—¡Muy gracioso!, a ver, qué me vas a contestar.

—Pues me siento orgulloso, feliz, pleno, y la verdad es que todavía no me la creo.

—Pero te falta algo, ¿cierto?

—Mi sueño.

—¡No se te vaya a ocurrir conformarte con esto, Pepe! Tú me lo dijiste, vas a perseverar, ¿estamos?

—Estamos.

—Bien. No lo olvides, lo prometiste.

—Está bien, lo prometí —le dije antes de colocar su cabeza en mi hombro mientras seguía conduciendo camino a casa.

CAPÍTULO

7

¡Feliz nuevo milenio!

◀ La 19ª clase de astronautas, compuesta por 11 ciudadanos estadounidenses y tres japoneses. Todos fuimos seleccionados en 2004.

*Y cuando quieres realmente algo, todo el
universo conspira para ayudarte a conseguirlo.*

Paulo Coelho (1947),
escritor brasileño.

PARA RECIBIR EL AÑO EMPEZAMOS LA CUENTA DESDE CERO. No había números que estorbaran al velocímetro que arrancaba su conteo con la misma rapidez con que pensaba en mis deseos para el año que comenzaba. Cada campanada, uva a uva, mi pensamiento se dirigía hacia un mismo deseo: convertirme en astronauta.

Todavía vivíamos en Washington cuando la NASA comenzó a aceptar solicitudes para la siguiente clase de astronautas. Yo, como parte de mi ritual anual desde 1992, renové mi solicitud. Este era el octavo año que hacía la solicitud, pero bien dicen que aquel que persevera, logra lo que se propuso hacer. Una vez más pasé por todo el proceso de selección que conocía como la palma de mi mano: más de 4 000 solicitantes, que luego se reduce a 300 y, finalmente, los 100 solicitantes afortunados que serían invitados a pasar la semana en el Johnson Space Center en Houston, Texas. Por segunda ocasión, fui uno de los 100 finalistas. Igual que antes, los 100 afortunados fuimos invitados en grupos de 20 para quedarnos una semana y pasar por una serie de exámenes médicos y psicológicos, entrevistas y recorridos por las varias instalaciones de entrenamiento. Una vez que entrevistaran a los cinco grupos, volvería el ya muy familiar juego de espera que duraría varios meses. Una lista de casi todos los 100 entrevistados se crearía de nuevo; en ella se difundirían los rumores y se alimentarían con meras especulaciones. Era aquí donde el grupo se mantenía vigilante en cuanto a quién pensaba que iban a seleccionar. Algunos en la lista eran candidatos por segunda vez como yo, ¡otros eran

◀ Mi primer retrato oficial como astronauta de Estados Unidos.

candidatos por tercera o incluso cuarta vez! Al igual que en mi primera entrevista en 1998, me encontré en el subgrupo que tenía sus exámenes médicos aprobados y que obtuvo el visto bueno en su revisión de antecedentes. Sin embargo, habiendo llegado tan cerca, pero terminando decepcionado en 1998, preparé mi mente para lo peor; pero, por otro lado nunca perdí de vista el premio, y esperé ansioso por la llamada que me diría si me habían aceptado o no.

Cuando la NASA decide hacer saber a los 100 individuos si fueron seleccionados o no, las llamadas a todos se dan dentro de un lapso de pocas horas. Se rumoraba que si contestabas el teléfono y el Director del Johnson Space Center, George Abbey en ese momento, estaba del otro lado de la línea, entonces eran buenas noticias. Sin embargo, si se trataba del gerente de selección de astronautas, Duane Ross, o cualquier otro miembro del panel de entrevistas, casi se podía garantizar que era una llamada de "Gracias por participar, inténtelo de nuevo". Fiel al rumor, cuando recibí la llamada de Duane, era para decirme que me estaban considerando seriamente pero que éste no era mi año. Después me volvió a proponer que considerara una posición de ingeniero en el Johnson Space Center. Me dijo que aunque esto no garantizaría otra entrevista durante el próximo ciclo de selección, me ayudaría en gran medida a ganar la experiencia en operaciones, algo que el panel de selección notaba que yo no tenía. Por cierto, también comentó que mi sueldo en el laboratorio en ese momento era alto y que aceptar el puesto en el Johnson Space Center tal vez involucraría una disminución de salario.

No voy a negar que estaba devastado; quería ser astronauta, ya era ingeniero y muy exitoso, pensé. La idea de conformarme con algo que no deseaba no era opción para mí. Tenía una buena vida, una familia feliz y un trabajo seguro. Hubo momentos en que pensé que me estaba obsesionando demasiado con un tonto sueño de la infancia. Perseguir este sueño provocaría que de nuevo desarraigara a mi familia, y peor aún, que me recortaran el sueldo. En este punto me convencí de que tenía que poner un límite porque no quería que mi insistencia en esta aspiración afectara en forma adversa a mi familia. Con todo, al mismo tiempo creía que con mucho trabajo arduo era todavía una meta alcanzable.

Cuando pensaba en lo cerca que me estaba colocando en el proceso de selección, una emoción incontrolable recorría todo mi cuerpo e impedía que me concentrara en algo más. Abrí la ventana de mi recámara esa noche para mirar al cielo como lo hice muchas veces de niño; pero esta vez no miré a las estrellas. Oré.

Dios, tú sabes lo que siento, lo que soy y lo que seré. Si es mi destino, ayúdame a cumplirlo, y si no lo es, ayúdame a resignarme y a seguir con mi vida. No me puedo quejar de ella, es maravillosa, pero quiero más. ¿Eso es malo? Deseo ser astronauta, pero no sé qué hacer: ¿Debo aceptar la oferta de empleo o me quedo donde estoy? Ayúdame a decidir.

En ese instante, vi pasar una estrella fugaz. El momento fue mágico, presentía que algo pasaría, lo sentía en el palpitar acelerado de mi corazón, mi intuición también me lo decía. Comprendí que la respuesta estaba dentro de mí. "¡Gracias!", dije mirando la estrella que se perdía en el cielo.

—¿Podemos hablar un momento? —interrumpí a Adelita que se encontraba en la sala viendo la televisión.

—Claro, ¿te ocurre algo?

—No, pero necesito hacerte unas cuantas preguntas. He pensado mucho en el asunto de la NASA, pero antes de decidir, quisiera saber si estás dispuesta a dejar California por mucho más tiempo. Tú sabes que el clima en Houston no es muy bonito y también piensa que es una ciudad llena de industrias, sin muchos paisajes.

—Claro, sí; pero se trata de tus aspiraciones y...

—Espera, todavía no termino. El sueldo que me ofrecen es menor al que estamos acostumbrados, 15 por ciento menos, lo que significa que vamos a tener que ajustarnos el cinturón un poquito.

—Bueno, pues nos lo ajustaremos —respondió—. Como dice el dicho "Donde come uno, comen dos". Además, no debes darte por vencido porque es claro que si no aceptas el trabajo, jamás te seleccionarán y siempre tendrás el "gusanito" de la curiosidad, "Qué hubiera sido si?..." ¿Algo más? —preguntó.

—Sí, piensa que vamos a dejar de ver a tu familia, a la mía, a los amigos, tenemos que empezar a...

—Ya, ya —me interrumpió riendo—. Ya sabes que cuentas conmigo, vámonos a Houston.

Al reflexionar sobre esta conversación, vuelvo a pensar en cuán afortunado fui de haberme casado con una mujer tan maravillosa y comprensiva. Una vez más, hizo suyos mi sueño y aspiración.

Llamé a la NASA al día siguiente para informar que había decidido tomar su oferta. "Con mucho gusto acepto el puesto", les dije. Esa simple frase cambió la trayectoria de mi vida, así como la de mi familia. Las maletas, la mudanza y las prisas nos ocuparon a todos en casa.

El momento se acercaba y no sabía qué esperar de todo eso; aún así, sabía que había tomado la decisión adecuada. Tal vez había llegado la hora.

Convencer a mi familia fue una cosa, pero convencer a mi jefe en el laboratorio, fue otra. Llamé a mi gerente de división, Joe Galkowski, para informarle sobre mi decisión de renunciar a mi trabajo con el Departamento de Energía y en el Lawrence Livermore National Laboratory. Para mi sorpresa, se negó a aceptar mi renuncia. "Han sido 14 años de muy buenos resultados, José. Eso es importante para nosotros, por eso quiero que estés seguro de que las puertas de esta empresa están abiertas si las cosas no resultan y quieres volver." Al terminar la conversación me dijo: "Espero que logres alcanzar tu meta. Sé que el día de mañana serás un gran astronauta". Esta respuesta me impresionó y me dio la seguridad que necesitaba para aventurarme en la NASA…

En marzo de 2001 me mudé de Washington a Houston sin mi esposa y mis hijos, cuyas edades iban de siete a dos años. La razón de esto fue porque se hallaban a la mitad del ciclo escolar y no quería sacar a mis dos niños mayores de la escuela en Potomac, Maryland. Odié dejar a mi familia; no pasó un día en que no los extrañara más que el día anterior. También extrañé a mis amigos y la rutina que me había empezado a gustar en el área de Washington, D.C.

Llegué a las instalaciones que ya me eran familiares. Mi jefa, Gail Horiuchi, era una mujer de ascendencia japonesa, muy amable, recuerdo que sus primeras palabras fueron:

—Bienvenido a la NASA, te voy a presentar al equipo de trabajo. Somos 35 ingenieros los que conformamos el Grupo de Materiales y Procesos del área de Pruebas no Destructivas y Análisis de Fallas.

¡Vaya nombre!, tan solo repetirlo impactaba. Gail continúo con su explicación:

—La que está escribiendo en la computadora en aquella oficina es Irene Kaye, nuestra gerente de la división de Estructuras de Ingeniería. Es muy seria, pero te aseguro que también es muy capaz (me daba detalles para hacerme sentir cómodo).

Agradecí que hiciera todo para ayudarme a estar menos nervioso. Esto no era como el primer día de escuela cuando ponía un pie en un nuevo salón de clases y veía caras serias y desconocidas. Esta vez, todo el mundo me mostraba un gesto agradable y acogedor. No fui tratado como el nuevo chico de la escuela; era respetado por ser un ingeniero experimentado, como todos los demás en la NASA.

Mis tardes de trabajo se prolongaban debido a la ausencia de mis hijos. No me gustaba estar solo en casa; en cambio, mis deberes en mi nuevo empleo me parecían fascinantes; así compensaba mis días. Era una cosa por otra, pero al fin y al cabo solo sería una etapa que terminaría al concluir el ciclo escolar de mis niños.

La 19ª clase de astronautas de visita en las OPF (Orbiter Processing Facilities), instalaciones donde preparan los transbordadores para las misiones, como parte de su plan de estudios de entrenamiento como astronautas. El transbordador *Atlantis* se observa al fondo, se le estaba alistando para un lanzamiento próximo.

Sistemas, bocetos, anotaciones, análisis, en eso se iban mis días; resultaban horas de incansable labor. Jornada tras jornada se hacía tarde y yo seguía ahí, acompañado de pizarras, cables y computadoras. Uno de aquellos primeros días vi que Irene también se quedaba trabajando y me dije: "¿Por qué no?, iré a presentarme".

—Miss Kaye, buenas noches, ¿me permite un momento?

—Adelante.

—Solo quería presentarme y agradecerle por esta oportunidad. Estos días he aprendido mucho en el área y me siento muy contento por la confianza que ha tenido en mí.

—¿Yo? Bueno, te voy a aclarar algo, José. Yo no te seleccioné para que formaras parte del área que dirijo. A mí solo me pidieron que te integrara a mi equipo, pero créeme que no eres alguien indispensable, así que tienes toda la libertad para buscar otro sitio en la NASA si así lo deseas.

"Muy bien, gracias", dije mientras salía de su oficina, atónito por su comentario tan directo.

Decidí no desperdiciar mi tiempo y energía tratando de averiguar la razón detrás de lo que me había dicho. Opté por convertir esa situación incómoda en algo positivo. Iba a mostrarle que me volvería muy valioso para su organización…

Cuando llegó junio, que marcaba el final del año escolar, regresé a Washington por Adelita y mis hijos. De camino a nuestra nueva casa en Houston, volteé a ver a mi esposa y le dije, "Houston no es tan malo como crees". Aunque ella y mis niños tuvieron que aprender a adaptarse a su nuevo entorno, fue relativamente fácil porque tuvimos la bendición de haber escogido un área con vecinos excelentes. A la derecha de nuestra casa estaban Scott y Glynnis Hartwig, quienes eran, por mucho, los más amables de todos y que, además, hasta la fecha son nuestros vecinos y queridos amigos. Sus dos niños, Brian y Kelsey, de inmediato se hicieron amigos de nuestros cuatro hijos, Julio, Karina, Vanessa y Yesenia.

La vida en Houston con mi familia continuó satisfaciéndome, tanto en el plano personal como en el profesional. Todo iba según lo planeado. Estábamos entrando al otoño, los niños estaban en la escuela y nuestra nueva casa estaba en orden. En el trabajo, todos los días aprendía algo nuevo, me desafiaba y luchaba por ser lo mejor posible y por dar resultados de alta calidad. Pronto este esfuerzo fue reconocido.

Una mañana, Irene y Gail nos llamaron a todos para una reunión no programada. "Escuchen", dijo Irene, "Gail, su actual jefa de área, tomará una asignación de rotación dentro de NASA los próximos seis meses. José Hernández se hará cargo de sus responsabilidades hasta nuevo aviso. Eso es todo. Gracias".

No podía creer las palabras que salieron de su boca. La posibilidad de que yo tomara la posición de Gail ni siquiera aparecía en mi "radar". Estaba en shock. ¡Saber que Irene pudo haber elegido a otro miembro más experimentado del área para esa posición, pero me escogió a mí! En especial después de recordar mi primera conversación con ella en la cual casi me impulsó a dejar su división. Fue una completa sorpresa, pero un gran honor, ser nombrado el jefe temporal —y más tarde permanente—, de la División de Materiales y Procesos. Acepté dicha función y la tomé muy en serio, sin saber lo que ocurriría menos de año y medio después...

El 16 de enero de 2003, a las 9:39 AM, el transbordador espacial *Columbia* despegó para su misión programada con siete astronautas a bordo. Sin que nadie lo supiera, el ala izquierda se dañó durante el despegue, cuando un trozo de escombro, que después se determinó fue una pieza de espuma aislante, se partió del tanque externo, golpeó al transbordador y causó daños a un panel del borde del ala, que sirve como parte de su sistema de protección térmica (TPS). Este material, hecho de un sustrato de carbono-carbono rígido, brinda protección térmica al borde del ala del transbordador durante el reingreso a la atmósfera de la Tierra. Estos paneles junto con las losetas, pegadas a la parte inferior de fuselaje y alas, forman la mayor parte del sistema de protección térmica del transbordador. Las losetas, miles de ellas, se elaboran de un compuesto de sílice, varían en grosor y forma, y aunque de algún modo son susceptibles a dañarse con el impacto, también son extremadamente efectivas al proteger al transbordador durante la reentrada a la atmósfera. No hace falta decir que cualquier daño importante que afecte la integridad de cualquier parte del TPS puede resultar de consecuencias catastróficas.

Después de revisar el video de lanzamiento, se informó que una pieza de escombro de alrededor de 50 × 40 × 15 centímetros de tamaño se había desprendido del tanque externo, y que tal vez había golpeado el ala izquierda. Los debates entre especialistas iniciaron cuando esto representó un serio daño para el transbordador.

El 31 de enero, un día antes de que el *Columbia* fuera a aterrizar, había discusiones continuas acerca del problema de la pieza de escombro. Se llevaron a cabo juntas del más alto nivel dentro de la NASA y todos estaban trabajando para tener una mejor comprensión, dados los limitados datos de que disponíamos. Se teorizaron diferentes escenarios, incluyendo el daño al ala, pero la mayoría se hicieron a un lado en favor de escenarios más optimistas. Creo que una miembro del Columbia Accident Investigation Board (CAIB) lo expresó de la mejor manera cuando dijo que una "normalización de la desviación" había ocurrido en la NASA. En resumen, muchos consideraron que la Agencia se había hecho insensible a las anomalías y que, por tanto, se permitió convencerse de que este incidente particular con la pieza de escombro no era un problema serio.

Eran instantes de angustia terrible. El 1 de febrero, a las 7:15:30 de la mañana, el *Columbia* encendió los cohetes para iniciar el aterrizaje. Minutos más tarde un sensor en la línea de frenos del ala izquierda presentó un calentamiento inesperado; fue el primer indicio de que algo estaba realmente mal. A las 7:59:22 horas se escucharon las últimas palabras desde la nave:

—Comprendido, ah, bah...

Terminó la transmisión y, tres minutos más tarde, el *Columbia* se desintegró al entrar a la atmósfera terrestre, dejando escombros esparcidos en el noroeste del estado de Texas ante millones de ojos atónitos que seguían la noticia por televisión. Así es como yo mismo me enteré y de inmediato fui a la NASA.

Nos convocaron a una reunión de urgencia. Los miembros de mi equipo poco a poco comenzaron a llegar, junto con otros empleados y jefes de departamento. Nos reunimos en la sala de juntas para discutir el incidente y llorar la inevitable pérdida de la tripulación a bordo. Teníamos una deuda con sus familias y con la sociedad; debíamos aclarar nuestra mente y comenzar la investigación con objetividad para poder dar respuestas a las preguntas que todos se formulaban. La consecuencia del accidente era lógica: "No habrá más misiones espaciales hasta que descubramos la causa del accidente del *Columbia*".

En aquella época yo todavía era el jefe del Grupo de Materiales y Procesos, por lo que tenía la responsabilidad directa, junto con un grupo de especialistas, de encontrar la falla del transbordador. ¿Qué había pasado con él al entrar en la atmósfera? Debíamos armar el rompecabezas.

Parte de mi equipo se trasladó a un estrecho ubicado entre los estados de Texas y Louisiana en busca de los restos del cohete. La escena era trágica, todo estaba reducido a pequeñas piezas, trozos que por sí solos no nos decían más de lo que ya sabíamos. Trasladamos todo a un hangar del Kennedy Space Center, enclavado en Florida, para reconstruir los restos y hallar una explicación. Un laboratorio, el Southwest Research Laboratory, en San Antonio, Texas, especializado en probar proyectiles de alta velocidad, se unió a la investigación y meses después, junto con el personal de la NASA, confirmó nuestra hipótesis: los experimentos mostraron que era posible que si una pieza de la espuma aislante de tamaño y velocidad similar, como se ve en el video del despegue, se partía del tanque externo e impactaba el panel del borde del ala, podía en efecto causar daño suficiente para afectar la integridad y propiedades aislantes del panel. Este daño, en forma de una grieta u hoyo de tamaño considerable, permitiría que el calor entrara en la estructura del ala durante la fase de reingreso del transbordador. La estructura del ala, hecha en su mayoría de aluminio, experimentaría temperaturas de dos a tres veces su punto de fusión, iniciando así la falla catastrófica que el mundo entero presenció ese 1 de febrero de 2003. La CAIB emitió sus resultados junto con una lista de recomendaciones a la NASA. El informe fue bien recibido.

El *Challenger* y el *Columbia* permanecen siempre en nuestras mentes. Nos recuerdan lo vulnerables que aún somos y que los vuelos espaciales siempre han significado y significarán un riesgo…

En el otoño de 2003 se abrió otro proceso de selección para la nueva generación de astronautas, así que, una vez más, llené mi solicitud. Cabe aclarar que, el hecho de que trabajara en la NASA no me daba ventaja, mucho menos garantizaba mi aceptación. Era un aspirante más.

Aunque estaba ansioso porque empezara el proceso de selección, con sinceridad puedo decir que estaba contento y en paz con dónde estaba en la vida. Si no podía viajar al espacio, me parecía bien, ya que estaba feliz trabajando en la NASA y eso, para mí, era muy satisfactorio. Trabajar en la Agencia me hizo darme cuenta de que los vuelos espaciales involucran a decenas de miles de personas y que cada una de ellas era tan importante en el éxito de la misión como los siete miembros de la tripulación abordo del transbordador espacial. En esencia, estaba orgulloso del trabajo que estaba haciendo la división de Materiales y Procesos y contento con mi apoyo continuo al programa de vuelos espaciales con tripulantes humanos mediante los esfuerzos de la división. Durante este periodo, mi esposa y yo recibimos a la quinta y final adición a la familia: Antonio Miguel Hernández. La fecha exacta fue el 21 de enero de 2003. ¡Cinco niños, un perro labrador y un conejillo de Indias eran suficientes para evitar que cualquiera se obsesionara con el sueño de la infancia de convertirse en astronauta!

Antonio Miguel, el más pequeño de la familia Hernández.

De nuevo comenzó la cuenta regresiva: 4 000, 300, 100, 80, 40… Y llegó el momento de la entrevista. Un grupo de 14 especialistas y astronautas nos hacían sinnúmero de preguntas para evaluar nuestros conocimientos y aptitudes. Entre ellos, un rostro conocido: "¿Por qué quieres ser astronauta?", me decía una voz, ¡la de Franklin Chang-Díaz, quien estaba frente a mí! Tenía ante mí al hombre que me inspiró a soñar desde mi último año en la escuela secundaria.

Cuando el proceso de entrevistas concluyó, no me quedó hacer otra cosa más que esperar. Cerca de cuatro meses después, recibí la llamada telefónica mientras trabajaba en mi oficina. Francamente, estaba preparado para la respuesta que ya conocía muy bien. Pero esta llamada particular no venía del director del centro ni del gerente de selección de astronautas, Duane Ross. Venía de un gerente de alto nivel, el coronel Bob Cabana, a cargo de la Dirección de Operaciones de la Tripulación de Vuelos (FCDO), y además astronauta. Yo sabía que si el director del centro llamaba seguro eran buenas noticias; no así si fuese Duane Ross, pues entonces la respuesta sería el clásico: "Lo sentimos, inténtelo de nuevo".

Sin embargo, cuando oí que alguien de la junta de recomendaciones como Bob llamaba, en realidad no supe qué pensar. Comenzó con los saludos usuales y después me preguntó si pensaba que yo era reemplazable como jefe del área de Materiales y Procesos. Mi respuesta fue genuina cuando le dije que pensaba que todo el mundo podía reemplazarse. "Qué bien —dijo—, ¿entonces, te gustaría venir a trabajar a la oficina de astronautas?"

Rápidamente me di cuenta de que había sido aceptado… tras 11 intentos, ¡había sido aceptado!

Todo mi cuerpo se entumeció cuando escuché la buena noticia. No sabía cómo sostener el teléfono sin dejarlo caer. Una risa nerviosa escapó de mis labios. "José, no puedes decir públicamente nada a nadie (solo a tu familia) porque será el 6 de mayo cuando, en conferencia de prensa en la sede de la NASA, en Washington, se dé a conocer al mundo a la nueva generación", me advirtió con claridad la voz al otro lado del teléfono. Colgué. No hice ningún comentario. Faltaban horas para volver a casa y no pensaba más que en llegar a darle la noticia a Adelita; ella debía ser la primera en enterarse.

Los 10 minutos que conduje a casa me parecieron eternos.

—¡Adelita, por fin llegó el momento del que tanto hablamos! ¡Voy a ser astronauta! —a mis palabras siguieron risas, abrazos, brincos…

—Y ahora Pepe, ¿qué sigue?

—Apenas comienzo el camino.

—¿Ah, sí?, ¿tienes que ir a una misión?

Voy a tardar dos años en graduarme. Por ahora solo soy candidato a astronauta, tengo que estudiar, como si regresara a la escuela y luego me gradúo.

—¿Y después?

—Después ya podré subir al cielo y acercarme a las estrellas. ¡Vaya!

—Tus estrellas, José —conversábamos mientras la abrazaba, los dos sentados en las sillas del jardín mirando al sol que se escondía... y a mis estrellas que se asomaban.

Un par de meses después, la mayoría de los integrantes de la nueva clase nos reportamos a nuestras labores. Recibimos el uniforme azul que se utiliza durante el entrenamiento de vuelo. Por fin tuve en mis manos el símbolo de que estaba un paso más cerca de convertirme en astronauta.

Empecé a desenvolver la bolsa de plástico transparente que protegía mi uniforme con la emoción con la que solía abrir mis regalos de Navidad cuando era niño. No podía esperar para ponérmelo. En la etiqueta se leía mi nombre bordado: José Hernández; la bandera de Estados Unidos estaba cosida en el brazo izquierdo y el logotipo de la NASA aparecía sobre el pecho. Bolsas, cierres, todo era minuciosamente revisado por mis manos. No podía dejar de verme en el espejo.

De repente, sentí que alguien me observaba; era Yesenia Marisol, mi hija menor, que en ese momento tenía cuatro años. Me miró con una curiosidad concentrada, tan meticulosa que volteaba su cabeza de lado a lado para obtener un mejor ángulo de mí. Pensé que iba a saltar a mis brazos y decirme lo feliz que estaba de que ahora yo era un astronauta; sin embargo, la familia tiene una forma interesante de mantenerte con los pies en la tierra. En vez de eso, Yesenia alzó un brazo, lo apuntó hacia mí y salieron de su boca las palabras que me "aterrizaron" más rápido que cualquier nave espacial: "Papi, te pareces a Papá Pitufo". ¡Todos nos reímos mucho! Y a partir de entonces a la hora de buscar o hablar de mi traje de vuelo azul, la familia Hernández se refiere a él como "el traje de Pitufo"...

Mayo de 2004 llegó volando y pronto fue momento de que el nuevo grupo de astronautas viajara a Washington, D.C., donde nos presentarían al mundo de manera oficial como la 19ª clase de astronautas de la NASA. El evento para la prensa se llevaría a cabo un día después del 5 de mayo, que es una celebración importante para México y para la población hispana en Estados Unidos.

Cuando llegamos a Washington, me informaron que había sido invitado a la celebración del Cinco de Mayo en la Casa Blanca. "Lleva tu uniforme azul puesto", me pidieron. Al llegar al recinto me encontré rodeado de políticos y celebridades, como Emilio Estefan. Durante su discurso, el presidente George W. Bush me presentó ante todos sus invitados: "Él es José Hernández. Es parte de la nueva generación de astronautas de la NASA. Felicidades, comandante, por haber sido elegido". ¡Fue increíble!, jamás, ni en mis sueños más descabellados hubiera imaginado ser invitado a la Casa Blanca y presentado por el presidente. Aunque me asignó un rango que no tengo, fue el primero que me reconoció en público como astronauta.

La velada continuó en el Rose Garden al ritmo de la Banda "El Recodo" de Cruz Lizárraga y de Marco Antonio Solís, "El Buki".

Al día siguiente llegamos a la rueda de prensa. Los miembros de la generación nos expusimos a la luz de las cámaras, todos muy nerviosos, cuidando detalle a detalle nuestros movimientos, nuestras palabras, nuestros gestos. "Yo soy candidato a astronauta, no una celebridad", pensaba mientras me frotaba discretamente las palmas de las manos. Nos dieron a conocer uno a uno: Satcher, Cassidy, Arnold, Dutton, Hernández... ¿Hernández? Los periodistas notaron que mi apellido era latino y comenzaron las preguntas: "¿Es usted de origen hispano?", "¿Es mexicano?", "¿Cómo logró ser astronauta?", "Háblenos de su infancia, de su vida, de sus logros", "¿Qué significa para usted ser astronauta?" ¡Para entonces todos los asistentes tenían los ojos puestos en mí! Qué noticia para los diarios hispanos. Incluso a Adelita, quien estaba a unos metros de mí, se le acercaron miembros de la prensa.

—Después de muchos años de intentos fallidos, su esposo por fin será un astronauta de la NASA. ¿Cómo se siente? —preguntaron.

—¡Estoy muy orgullosa de él! —respondió.

—Diga a la prensa hispana lo que está pensando en este momento.

—Que estoy muy orgullosa.

Después, ambos no podíamos dejar de reír de sus respuestas. Bromeaba con ella en cuanto a que recomendaría a la NASA que también diera entrenamiento a las esposas para su comunicación con los medios.

Regresamos a Houston para iniciar el entrenamiento. Tuve que aprender muchas habilidades nuevas, necesarias para todo astronauta. ¡Parecía que en los próximos dos años estaría en verdad apabullado!

Nuestra primera asignación importante incluía viajar a una base naval aérea en Pensacola, Florida. Una vez ahí, tuvimos seis semanas de entrenamiento en las que fuimos a la escuela de tierra, aprendimos técnicas de sobrevivencia en el agua y cómo copilotear aviones T-34C. La escuela de tierra no solo nos permitía aprender principios básicos de vuelo, sino también ponerlos en práctica en simuladores de vuelo de alta fidelidad.

Quizá la actividad más interesante durante ese programa de entrenamiento fue cuando estuvimos en el dispositivo sumergible que simulaba el fuselaje de un helicóptero, conocido con afecto como el "helo-dunker". Aquí nos pidieron a cuatro de nosotros a la vez que nos abrocháramos a los asientos por medio de un cinturón de arnés de cinco puntos. Una vez que estuvimos asegurados, el fuselaje se bajó a una alberca de cerca de cuatro metros de profundidad. Justo antes de que tocara el fondo, el fuselaje rotó para que quedáramos en posición boca abajo. ¡Y todo esto se hizo mientras conteníamos la respiración! Una vez que nos hallamos boca abajo y que llegamos hasta el fondo, se nos permitió desabrocharnos para salir de la cabina y ascender a la superficie, de modo que, ¡por fin! pudiéramos respirar. Los buzos de seguridad estuvieron en posición en el fondo de la alberca en caso de que cualquiera de nosotros hubiera tenido un problema.

Nos pidieron que pasáramos por el "helo-dunker" tres veces. La primera vez podíamos usar cualquiera de las cuatro salidas, la segunda, debíamos de tomar cierta salida a fin de que todos nos cruzáramos. Esto estaba diseñado para mostrar que podíamos trabajar juntos bajo condiciones estresantes. La última vez nos dijeron que podíamos tomar cualquier salida. El truco estaba en que llevábamos puestos *goggles* o gafas protectoras que estaban pintadas de negro, para que pudiéramos *sentir* dónde se encontraba la salida de la cabina. Todo esto se llevó a cabo con el atuendo completo de vuelo, incluyendo casco, arnés y botas.

Una vez que se completó el entrenamiento de sobrevivencia en agua, estábamos listos para comenzar a ensayar en los entrenadores T-34C. Los aviones T-34C operan solo con una turbo-turbina con una hélice. Ya sabía cómo pilotear un avión pequeño, pero éste se hallaba diseñado para que desarrolláramos una nueva serie de habilidades de aviación y manejo de recursos de tripulación al utilizar un avión diferente y más complejo. ¡Las cosas también tendían a suceder mucho más rápido en un T-34C que en un pequeño Cessna 152!

Una vez que terminamos el entrenamiento en los T-34C, viajamos de vuelta a Houston por otras ocho semanas, donde aprendimos a volar un avión todavía más rápido y complejo: el jet entrenador T-38. Este jet tiene dos turbinas y, bajo las condiciones adecuadas, tiene la capacidad de romper la barrera del sonido. Pensé en cuando volé yo solo el Cessna sobre Tracy, California, y qué sereno fue para mí hallarme a 5 000 pies de altura sobre el Valle de San Joaquín, esquivando las nubes bajas. El T-38 era muy diferente. Por ejemplo, aunque tenía los mismos controles complejos tanto en el asiento delantero como en el trasero, nosotros,

Aquí estoy participando en un entrenamiento de supervivencia en el agua en el Neutral Buoyancy Laboratory (Laboratorio de Flotabilidad Neutral) ubicado en el Centro Espacial Lyndon B. Johnson en Houston, Texas.

Más de mi participación en un entrenamiento de supervivencia en el agua en el Neutral Buoyancy Laboratory.

como especialistas de la misión, no recibíamos entrenamiento para ser el piloto al mando, sino como copiloto en el asiento trasero. El copiloto actúa como ingeniero de vuelo que respalda todas las acciones del piloto en el asiento delantero.

En paralelo con nuestro entrenamiento de vuelo en jets T-38, comenzamos el entrenamiento para el transbordador espacial. Este entrenamiento incluyó cursos académicos en los que expertos en las áreas impartidas explicaban a detalle los sistemas de propulsión, hidráulico, mecánico, eléctrico, de cómputo, de superficie aérea y de navegación, tan solo por nombrar algunos. Una vez que dominamos por completo estos sistemas en el salón de clases, nos movimos a los simuladores.

Primero se simularon las fallas de sistemas en un solo entrenador, para que pudiéramos aprender cómo responder ante varias emergencias. Pronto estábamos ya en los entrenadores de múltiples sistemas y respondiendo a sus supuestas fallas; con frecuencia lo hacíamos en grupos de dos, ya que uno de nosotros realizaba las funciones del comandante mientras que el otro desempeñaba las tareas del piloto. Una vez que demostramos con éxito que dominábamos las fallas de múltiples sistemas, en

Preparándome para un vuelo en T-38 de Ellington Field en Houston, Texas, al Kennedy Space Center en Florida.

tripulaciones de cuatro, nos movimos a los simuladores con base fija y en movimiento, que eran entrenadores de alta fidelidad. Durante las prácticas, estos presentaron falla tras falla al mismo tiempo que hacíamos numerosas simulaciones de ascenso, en órbita, fuera de órbita y aterrizaje.

Todo culminó con una certificación que nos permitió ser parte del grupo de astronautas que entrenaban con regularidad en estos simuladores. Las simulaciones habituales de entrenamiento genérico que hicimos sirvieron tanto para mantenernos frescos con respecto a nuestro conocimiento de sistemas y operación del transbordador espacial como —igual de importante— para conservar certificado y competente al personal que abastecía al Mission Control Center (MCC).

Una vez que terminaron los dos años de entrenamiento se celebró una pequeña ceremonia de graduación en el Centro Espacial de Houston. Kent Rommel, el jefe de la oficina de astronautas, dijo unas palabras y nos regaló un pin de plata, emblema del astronauta graduado, pero que aún no viaja al espacio. Cuando el astronauta ha volado en una misión, entonces se le entrega uno de oro.

Mis padres, esposa, hijos y familiares cercanos asistieron; todos estaban conmigo en ese día tan especial. Compartieron mi sueño; fueron parte de mi historia. Pude ver a mis padres orgullosos porque sabían lo mucho que había luchado para acercarme a mi meta de ir al espacio.

—Papá, ¿y qué vas a hacer ahora? —me preguntaba Julio, mi hijo, con apenas 11 años de edad.

—Pues no lo sé aún. De seguro el lunes me dirán cuáles son mis nuevas tareas.

—¿Vas a ir al espacio?

—Eso espero.

—¿Y mientras no vayas, qué vas a hacer?

—No lo sé. Pero seguro hay muchas cosas en las que me puedo ocupar. Ya veremos.

Y así fue, la respuesta a esa pregunta llegó en la mañana del lunes siguiente…

Aprendí que cuando un astronauta no está asignado a una misión, pasa 20% de su tiempo en simulaciones y entrenamientos, y 80% en asignaciones técnicas. Mi asignación técnica por los siguientes 24 meses fue trabajar como uno de los cuatro integrantes del personal de apoyo a astronautas (ASP) o "Cape Crusaders". La responsabilidad de un Cape Crusader es configurar y hacer las preparaciones finales para el vuelo en las cabinas de vuelo y *middeck*[1] del transbordador justo antes de su misión programada. Este trabajo implica extensos viajes al Kennedy Space Center, de ahí el nombre de "Cruzados del Cabo" (por cabo Kennedy). Debíamos revisar los sistemas de vuelo, llevar a cabo pruebas vitales y tareas como la activación de comunicaciones, para confirmar que todos los sistemas estuvieran funcionando y listos para usarse. Además, éramos responsables de tener la cabina de vuelo lista un día antes del despegue, y uno de nosotros servía como parte del personal de cierre que aseguraba los cinturones de la tripulación para el lanzamiento.

Aunque fui Cape Crusader en siete misiones consecutivas, recuerdo en particular la misión donde fui el líder o primer ASP. Esa semana trabajamos con diligencia hasta el momento del lanzamiento para preparar la cabina de mando y el *middeck* del transbordador. Como primer ASP era mi turno de servir como parte del grupo de seis individuos que se encargaba del cierre. Los números estampados en la parte trasera de los overoles blancos del personal de cierre designan los deberes específicos de ese individuo; por ejemplo, el número 2 identifica al primer ASP. Una de mis funciones principales como parte del personal de cierre fue auxiliar al técnico de trajes a asegurar la tripulación a sus asientos cuando ingresaron al transbordador uno por uno y ayudarles a llevar a cabo una revisión de comunicaciones con el Launch Control Center (LCC, Centro de Control de Lanzamiento) en el Kennedy Space Center y con el Mission Control Center en Houston. Mientras hacía esto, los otros ASP se unían a los familiares inmediatos de la tripulación en el techo del complejo LCC. Era emocionante abrochar los cinturones de la tripulación para el lanzamiento, ya que teníamos cierto tiempo específico para esta actividad y evitar retrasos era de vital importancia. Una vez que abrochábamos a la tripulación, y con la escotilla bien cerrada, rápidamente desmantelábamos el Cuarto

---

[1] El compartimiento medio o entrepuente (*middeck*) contiene las disposiciones y las instalaciones de almacenamiento para cuatro estaciones de la tripulación para dormir. Estiba los botes de hidróxido de litio y otros equipos, el sistema de manejo de residuos, la estación de higiene personal y la mesa de trabajo/comedor.

Blanco que se usaba para ingresar a la nave y que servía como área de montaje para preparar el *middeck* y la cabina de mando del transbordador. El Cuarto Blanco estaba a un nivel de 192 pies (~59 metros) y suspendido por medio de un pasillo que venía desde la torre de lanzamiento y llegaba justo a un lado de la escotilla de entrada del transbordador. Después de que éste se había lanzado con éxito, nos subíamos a nuestros jets T-38 y volábamos sobre el Golfo de México de vuelta a Houston.

Recuerdo que este lanzamiento específico iba a ser temprano en la mañana. Esto significaba que el personal de cierre debía llegar a la plataforma de lanzamiento como a las tres de la mañana. Trabajamos un par de horas antes de que se presentara la tripulación y después, uno por uno comenzamos a asegurarlos en la nave. Laborábamos en paralelo, mientras que se hacía el ingreso de los miembros (el primero era el comandante) que venían con otro del compartimiento medio. Una vez que abrochamos con éxito a la tripulación, cerramos la escotilla y completamos nuestras pruebas de fuga de cabina, recogimos de prisa nuestro equipo, desmantelamos el Cuarto Blanco, descendimos y dejamos la plataforma de lanzamiento para ocupar nuestras posiciones asignadas. Tras un rápido informe cerca de una hora después del lanzamiento, nos subimos a nuestros jets T-38 y regresamos a Houston, a Ellington Field.

Ese día en particular, llegué un poco antes de mediodía y en vez de ir directo a la oficina, decidí ir a comer algo al restaurante que mi esposa acababa de abrir en Houston, a una calle del Johnson Space Center, en la esquina de Saturn y Gemini, en el área de Clear Lake.

Un par de años antes había compartido conmigo su aspiración de abrir un restaurante mexicano. Cuando me lo contó, pensé que era muy justo apoyarla para que cumpliera su propio sueño. Se lo merecía después de lo que me había apoyado todos estos años y me había seguido por todo el país en la persecución del mío, aunque eso significara que sirviera mesas y lavara trastos, ¡lo cual hago muy seguido ahora! Así nos embarcamos en un viaje para volvernos miembros de la comunidad comercial. Podía ver la emoción en sus ojos mientras estaba planeando el menú, diseñando la fachada para el restaurante y decidiendo las compras. Estaba contentísima de tener la oportunidad de compartir con todos su auténtica cocina mexicana en *Tierra Luna Grill*. Adelita siempre había preparado el mejor mole poblano, carnitas, chiles rellenos y tacos de pescado en casa, y ahora todos los comensales también disfrutarían los frutos de su talento gastronómico.

Esa tarde llegué con dos objetivos: uno era satisfacer mi antojo de su pollo con mole, y el segundo era contarle sobre mi gran día, ¡cuando aseguré a la tripulación a sus asientos y vi al transbordador saltar al espacio! Justo cuando ya estaba preparado para narrarle mi historia, miró ansiosa su reloj y dijo que odiaba cortarme la inspiración, pero que su lavaplatos se había reportado enfermo esa mañana, ¡y que si no me importaba reemplazarlo durante la hora pico del mediodía! Acepté y sin miramientos desempeñé mi función como lavaplatos. Recuerdo a la perfección haberle hablado de la ironía de estar casado con ella: a las tres de la mañana estaba trabajando dentro del transbordador; abroché a la tripulación, observé su impresionante lanzamiento, me subí a un jet T-38, volé sobre el Golfo de México, ¡y ahora estaba lavando trastos en un restaurante! Repito que la familia tiene una forma especial de mantenerlo a uno con los pies en la tierra.

El restaurante ha sido una herramienta excelente para reunir a la familia y enseñar a nuestros hijos el tipo de ética de trabajo que tanto Adela como yo aprendimos de niños al ser parte de familias migrantes que trabajaban en el campo.

Con o sin restaurante, estaba feliz de estar donde estaba en mi vida. Me encontraba haciendo las cosas que me apasionaban en la vida (excepto lavar los trastos, por supuesto) y rodeado de una gran familia, amigos, y un puesto de trabajo maravilloso. También sabía que mi día llegaría: cuando formara parte de una tripulación que volara al espacio...

Poco después de que me gradué del programa de entrenamiento de astronautas en la NASA y comencé mi trabajo como Cape Crusader, mi alma máter, la Universidad Pacific, me distinguió con un doctorado honorario frente a los graduados de 2006. Fue muy grato aceptar un reconocimiento tan prestigioso. Lo hice sabiendo que otro alumno distinguido, el músico de jazz reconocido a nivel mundial, Dave Brubeck, recibía asimismo un reconocimiento especial. Para mi grata sorpresa, también me informaron que Clint Eastwood iba a recibir el mismo honor conmigo. Clint, aunque no fue alumno de Pacific, iba a recibir la distinción por su trabajo como presidente honorario del recién establecido Dave Brubeck Institute en la Universidad Pacific.

Clint Eastwood y yo recibiendo grados de doctorado honorario juntos, pensé, ¡qué emoción! Además, para hacer las cosas aún más interesantes, ¡me informaron que la facultad y los Miembros del Consejo Rector de la universidad me habían elegido para dar el discurso inaugural en dicha ceremonia! No necesito decir que tenía mucho trabajo que hacer para preparar lo que pensaba sería una disertación inspiradora.

En la ceremonia de graduación de 2006 de la Universidad Pacific con el actor y director Clint Eastwood (a la derecha) y el famoso músico de jazz y alumno de la universidad, Dave Brubeck (a la izquierda). Yo fui el orador de la ceremonia y tanto a Clint Eastwood como a mí nos honraron con un grado de doctorado honoris causa.

La tarde previa a la ceremonia de graduación es costumbre que los Miembros del Consejo Rector y los invitados especiales cenen en la casa del Presidente de la universidad, que se ubica en el campus. Durante la cena, tuve la oportunidad de conocer a varios individuos muy interesantes y sobresalientes, a quienes no les importaba otra cosa que el bienestar de la Universidad Pacific. Sin embargo, debo decir que la mejor parte de la tarde fue cuando el presidente de la institución, en ese entonces el doctor Don DeRosa, nos pidió a todos que tomáramos asiento. Ahí estábamos, sentados en una mesa para ocho, Don DeRosa y su adorable esposa, Karen; Dave Brubeck con su esposa y también alumna de Pacific, Iola; Clint

Eastwood y su joven cónyuge, Dina; y yo, junto con mi hermosa Adela. Dina, de ascendencia puertorriqueña, y mi esposa son más o menos de la misma edad, lo cual vino a colación en la siguiente parte de la conversación durante la cena.

El doctor DeRosa sugirió, para romper el hielo, que contáramos cómo se conoció cada pareja. Dave y Iola dijeron que se conocieron en la Universidad Pacific, que en esos años se llamaba College of the Pacific. Yo narré cómo, por insistencia de mi hermana Leticia, y tras mucha resistencia de ambos, Adela y yo nos habíamos conocido en una cita a ciegas. (En otro momento bromeé con Adela y le dije que la cita a ciegas fue una proposición de bajo riesgo, ya que yo había planeado llegar antes, y si lo que veía no me agradaba, entonces no me presentaría. Desde luego, no tenía esas intenciones, ¡y de hecho sí me gustó lo que vi!) Dos años después de nuestra cita a ciegas, nos casamos y así hemos seguido por más de 19 años con cinco hermosos hijos, dos perros y un conejillo de Indias que lo demuestran.

La siguiente historia vino de Clint. Habló sobre cómo conoció a Dina cuando ella estaba investigando una historia en el área de la Bahía de San Francisco. Le pidió que lo acompañara a una ceremonia de premios y así comenzó una relación seria. Pronto pensaron en casarse y Dina, al provenir de familia latina, quería que Clint pidiera a su padre su mano en matrimonio. Esto presentó una situación interesante, ¡ya que resulta que Clint es mayor que el padre de Dina! En cualquier caso, Clint dijo que quería hacer lo correcto, y sobre todo, hacer feliz a su prometida. Así que pronto se encontró sentado en el sofá de la sala, junto a Dina y su padre. Después de momentos incómodos de silencio, por fin reunió el valor para pedir la mano de Dina en matrimonio. El papá de la novia, actuando como un típico hispano, quería asegurarse de que Clint en verdad amara a su hija, y lo cuestionó sobre el tema. Después que Clint desarrolló el discurso de "por qué amo a Dina", el padre dijo que tenía una pregunta más: "Clint, una última pregunta, y por favor no me tome esto a mal pero, ¿no le preocupa la diferencia de edades?". Sin pestañear, Clint miró a su futuro suegro y dijo con su clásica voz rasposa, "Bueno, señor, si ella muere, se muere". Fue en ese punto que el papá de Dina les dio su bendición para casarse...

La mañana siguiente, como futuros doctores honorarios, todos estábamos vestidos con túnicas negras con detalles en oro. Una vez más, me encontré mirándome frente al espejo. Sonreía con la misma sonrisa que mostré muchas veces antes cuando era un muchacho. La única diferencia ahora es que se asomaban algunas canas, aquí y allá. Ya no era tan joven en apariencia; sin embargo, era joven de corazón. No pude evitar pensar en mí como ese niño pequeño que esperaba que cayera una estrella fugaz en su vecindario para que pudiera encontrarla y guardarla.

No podía creer que estaba en presencia del actor y director Clint Eastwood y del mundialmente famoso músico de jazz Dave Brubeck. Pronto, la música y la ceremonia comenzaron y entró un actor muy famoso junto con un músico y un astronauta. Después de que todo terminó, salimos como doctores recién graduados y nuevos amigos. ¡Supongo que en este punto puedo presumir que he sido el único que ha recibido un grado de doctorado honorario con Clint Eastwood!

Unos meses después, Donald DeRosa, el presidente de la universidad, me pidió que considerara ser parte del Consejo Rector de la misma. El Consejo Rector está encargado de la administración y salud financiera de la universidad. Se considera un gran honor tener la invitación de unirse a este Consejo particular. Después de mostrar mi interés, me entrevistaron y votaron los miembros del Consejo. Me enorgullece decir que hasta hoy todavía pertenezco a dicho Consejo. Aunque el doctor Don DeRosa ya se retiró, tenemos una nueva y dinámica presidenta que llegó de la Texas Tech University, la doctora Pam Eibeck, quien enseguida obtuvo elogios por iniciar una campaña a favor de la audición y lanzar la iniciativa "Beyond the Gates" (Más allá de nuestras puertas). Esta iniciativa está diseñada para promover activamente ayudas sociales dentro de nuestra comunidad inmediata con el objetivo de aumentar la cantidad de estudiantes del área de Stockton inscritos en la Universidad Pacific.

Todo parecía ir según como imaginé que sería el ideal cuando era un niño que trabajaba en los surcos y sembradíos. Aunque mi vida parecía estar en orden, había cierta sensación de vacío. No había razón de que me sintiera así ya que tenía todo lo que había deseado. De la nada, escuché el famoso dicho de mi madre: "¿Cuál es el propósito de tener metas en la vida, trabajar arduo por ellas y conseguirlas… si no puedes compartirlas con otros?".

Noté que aunque estaba compartiendo este momento con mi familia y amigos, todavía no estaba disfrutando por completo del momento, ni a mí. Esto fue particularmente cierto después de que fui a Stockton y di un discurso en una escuela. Podía ver la emoción que generaba mi visita, en especial para los niños que iban en primaria. Pero después, cuando regresé a Houston para continuar mi entrenamiento, fue como si nunca hubiera ido. En esencia, sentí que algo faltaba. Algo que pudiera darle continuidad a mis visitas. Durante este tiempo, mis amigos y colegas me llamaban o escribían para contarme acerca del impacto tan positivo que mi selección como astronauta había tenido en la comunidad de Stockton. ¡Fue ahí cuando se me ocurrió la idea! ¿Por qué no comenzar una fundación que capitalice mi rol como astronauta y con ello inspire a los niños a desempeñarse bien en la escuela?

Así nació la idea de una fundación. Esto, junto con mi trabajo para ayudar a desarrollar el primer sistema de mamografía digital total para la detección temprana del cáncer de mama, fue lo que consideré mis proyectos más personales e importantes; y me han traído la mayor de las satisfacciones. Dos de mis grandes amigos, Ángel Picon y Patty Tovar, me ayudaron a comenzar el marco legal para establecer en 2006 una organización no lucrativa clasificada como 501(c)3 —en concreto para fines educativos y para fomentar la competencia de minorías nacionales o internacionales, llamada "José Hernández Reaching for the Stars Foundation". Ángel y Patty reunieron a una junta directiva y ayudaron a definir la misión de la Fundación, que es inspirar a los niños a soñar lo imposible y enfatizar que, mediante la educación, todo es posible. Tenemos un especial enfoque en interesar a los chicos en las carreras de ciencias, tecnología, ingeniería y matemáticas (CTIM); esto se logra mediante becas, ayudas sociales y algunas actividades prácticas anuales como la "Science Blast" (Ráfaga de ciencia).

En verdad creo que, desde la perspectiva de la educación, todavía falta mucho por hacer para ayudar a las próximas generaciones. Fundaciones como Reaching for the Stars necesitan trabajar para aumentar el nivel de interés de nuestros niños; si cada uno de nosotros hace su parte, sin importar cuán pequeña sea, estaremos en una situación mucho mejor. "Lo que se planta, siempre crece", como decía la señora Young, mi maestra de segundo grado de primaria, cuando habló con mis padres hace ya muchos años…

———————

Nadie sabe cómo lo hacen, porque la NASA selecciona a la tripulación de las misiones de manera secreta, muy reservada; nadie sabe nada, hasta que te mandan llamar para darte la noticia.

———————

—¿Pidió usted verme, señor? —dije tan pronto como entré en la oficina de Steve Lindsey, astronauta en activo y Jefe de la Oficina de Astronautas. Un hombre muy experimentado y esbelto, el típico estadounidense que ha sobrepasado el medio siglo de vida y que muestra en sus canas los años de conocimiento almacenado.

—Sí, adelante José —me respondió con amabilidad—. Te llamé para informarte que has sido seleccionado para formar parte de la tripulación en la misión STS-128. En unos 15 meses estarás en la Estación Espacial Internacional. Hoy tendremos una junta para dar a conocer los nombres de toda la tripulación.

Esto era algo que había anhelado y deseado durante toda mi vida. Era el preámbulo del sueño, como cuando te vas a la cama pensando en algo o en alguien y de pronto aparece en tu pensamiento la viva imagen de lo que tanto añoras. Me encontraba un paso más cerca, uno significativo para llegar. "Por fin ha llegado mi hora", pensé.

El parche STS-128 simboliza la 17ª misión y representa al equipo, personal y naciones asociadas que contribuyen al vuelo. El transbordador espacial Discovery se muestra en la configuración en órbita con el Módulo Logístico Multipropósito (MPLM) en la bodega de carga útil. La Tierra y la Estación Espacial Internacional envuelven el símbolo de la Oficina de Astronautas, recordándonos la presencia continua del hombre en el espacio. Los nombres de los miembros de la tripulación de la STS-128 rodean la insignia de manera abierta. Incluido en ellos está el del miembro de la tripulación de expedición que despegará en la misión y permanecerá abordo de la Estación, reemplazando a otro miembro que regresará a casa con la STS-128. El parche también muestra las banderas de Estados Unidos y Suecia, los países de donde proviene la tripulación de esta misión.

Un par de días después, nos llevaron a una sala de conferencias donde conocí a los demás miembros de la tripulación. Vi vivacidad, emoción y experiencia en los ojos de todos los presentes. Frederick "CJ" Sturckow, nuestro comandante, fue el hombre responsable de estructurar el programa de entrenamiento de la STS-128 y asignarnos nuestros deberes específicos en la misión. Como comandante experimentado que había viajado al espacio en tres ocasiones diferentes, la NASA confió en que él y Steve Lindsey habrían seleccionado la tripulación apropiada para esta misión específica. Así, la tripulación estaba compuesta por Kevin A. Ford, piloto; Patrick J. Forrester, especialista 1 de misión; yo como especialista 2, también conocido como ingeniero de vuelo; John D. Olivas, especialista 3; Christer Fuglesang, especialista 4; y Nicole Stott, especialista 5 y quien sería parte de un intercambio de tripulación para la Estación Espacial Internacional (EEI). Tim Kopra, quien ya estaba en la Estación, regresaría a casa con nosotros.

"Llegar al espacio exterior no es fácil. Ustedes tienen que estar completamente equipados y formados para ser capaces de responder a cualquier contingencia que pueda surgir. Durante el próximo año se les someterá a una rigurosa preparación", informó nuestro jefe, CJ.

Poster de la misión STS-128. El tema oficial de nuestra misión fue "A la conquista de la ciencia".

Puedo recordar la formación recibida sin olvidar un solo detalle. Fuimos entrenados utilizando simulaciones de alta fidelidad en una nave espacial idéntica a la que volaríamos. Tuvimos sesiones de entrenamiento bajo el agua y nos ejercitaron en adaptación para vivir en el espacio. Una de las actividades más importantes está diseñada para lograr la integración de los miembros de la tripulación. Para ello se destina una sola oficina para todos, los trabajos son en equipo y se planean actividades en campo abierto. Esta última fue la experiencia más enriquecedora de la primera etapa del proceso. Debíamos realizar un viaje en equipo y contábamos con opciones como ir a las montañas de Wyoming, navegar en *kayaks* los ríos de Alaska o recorrer en velero las aguas de Baja California.

Entrenamiento de emergencia para obtener la sensación de las fuerzas G asociadas con la eyección de un jet.

El viaje de sobrevivencia a Baja California fue intenso aunque divertido al mismo tiempo. Aparejar el bote, preparar comida y aprender unos de otros fue parte del proceso que acoplaría a esta tripulación en una unidad estrecha y cohesiva. En esencia aprendimos a capitalizar las fortalezas de la gente, e igualmente importante, conocimos las debilidades de los demás. Después de un día completo

En Maine, durante nuestro curso de entrenamiento para supervivencia en zonas desiertas. Viajamos por nuestra cuenta de regreso a la civilización.

En Wyoming durante el invierno como parte de nuestro entrenamiento de la National Outdoor Leadership School (NOLS, Escuela de Técnicas de Vida al Aire Libre y Liderazgo).

El laboratorio submarino Aquarius ubicado en la costa de Cabo Largo, Florida,
utilizado para las misiones NASA Extreme Environment Operations (NEEMO).[2] Para
la NASA, Aquarius ofrece una convincente versión análoga de la exploración
del espacio, y los miembros de la tripulación de NEEMO realizan algunas de las
mismas tareas y enfrentan, bajo el agua, los mismos desafíos que enfrentarán
en el espacio.

---

[2] Acrónimo que es, por cierto, un juego de palabras con el nombre del inolvidable Nemo,
capitán del *Nautilus*, submarino de ficción que aparece en la novela *Veinte mil leguas de
viaje submarino*, de Julio Verne.

Los integrantes de la 12ª tripulación de NEEMO antes de comenzar nuestra misión análoga lunar de 12 días dentro de Aquarius. El laboratorio se encuentra a 60 pies (más de 18 metros) de profundidad en el océano.

A mitad de camino de mi primera simulación de caminata lunar de seis horas en el fondo del océano.

de navegación, así cansados como estábamos, escogimos un sitio en la costa de la península de Baja California y acampamos. Acampar no fue nada sencillo ya que tuvimos que amarrar los botes en aguas profundas y descargar los utensilios mientras caminábamos a la costa, tratando de mantener todo seco. Algunos de nosotros estuvimos a cargo de limpiar los botes mientras otros instalaron la cocina y prepararon la cena. El mar en calma trajo un inevitable silencio que nos relajó antes de partir al viaje que nos llevaría al espacio exterior. Cuando el sol comenzaba a ocultarse, las olas rítmicas y calmadas del Mar de Cortés me hicieron reflexionar mientras miraba el agua. ¿En qué punto el mar y el cielo se vuelven uno? El reflejo de los rayos del sol en el mar azul marino llevó mi imaginación al ocaso en la presa de Ticuítaco, ciudad natal de mis padres, donde solía observar a diario este evento mágico con mi abuelo. Más tarde, cuando el cielo se oscureció, me remonté a los campos del valle de San Joaquín. Ahí fue donde se dio mi primera atracción por las estrellas. Recuerdo cómo salía ansioso del carro justo después de que llegábamos, todavía en la oscuridad del alba, para obtener una vista fugaz del cielo, tratando de identificar la Osa Mayor, la Osa Menor, la Estrella del Norte, etcétera. Ahí mismo, más entrada la mañana, trabajábamos de sol a sombra para cosechar cualquier cosa que estuviera creciendo en los campos.

La 19ª clase de astronautas preparándonos para nuestro primer vuelo de gravedad cero abordo del avión KC-135 de la NASA. El avión vuela 60 parábolas, en las que experimentamos 25 segundos de gravedad cero en cada ciclo.

Aquí estoy haciendo mi mejor representación de Superman durante uno de los ciclos de gravedad cero.

Mis colegas y yo crecimos, como resultado de nuestro viaje, tanto personal como intelectualmente. Hablamos de nuestras expectativas y lo que podía depararnos el futuro tras la misión. También conversamos acerca de nuestras familias y nuestras motivaciones individuales para querer ir al espacio. Fue una gran experiencia de formación de equipo, donde aprendimos a confiar unos en otros, algo que era muy necesario para cumplir con los desafíos del viaje espacial.

"Todo comenzó con un sueño que parecía inalcanzable, creyendo en él y luchando por él contra todas las adversidades. Ver la luz al final del túnel cuando nadie más lo hacía, o podía. Y de repente, darse cuenta de que sí se puede alcanzar. Esto es lo que te motiva a pelear aún más duro, sin rendirte, porque está tan cerca que pareciera que puedes tocarlo, tomarlo en tus manos; aunque en realidad no es posible, porque es solo un sueño", exclamó Frederick en un momento de autorreflexión.

Fue entonces cuando pude expresarles mi razón en mis propias palabras:

_____

Todos somos astronautas y cada uno de nosotros tiene su propia estrella, la "estrella de los sueños", como solía decir mi abuelo. Nuestra vida es el camino hacia ella.

_____

CAPÍTULO
8

Cosechando
el sueño

◀ Con el traje de astronauta en el cuartel de la tripulación, el día del lanzamiento.

Todos nuestros sueños se vuelven realidad
si tenemos el valor de perseguirlos.

Walt Disney (1901-1966),
productor, director, guionista, animador,
empresario y filántropo estadounidense.

—¿ESTÁS ASUSTADO?

—Para nada —le dije a mi madre por teléfono en mi tercer día de cuarentena en el Johnson Space Center en Houston.

—Todos estamos rezando por ti, m'hijo. No olvides que te queremos mucho.

Tan pronto como su voz comenzó a temblar, supe que el inevitable llanto seguiría.

—Tu padre y yo estaremos en el lanzamiento con Adelita y los niños.

—No puedo esperar para verlos ahí. Diles a todos que les mando saludos y que estoy bien. No hay necesidad de preocuparse, todo va muy bien.

—Muy bien, así lo haré.

Inmediatamente después escuché sus sollozos.

—¿Por qué lloras, mamá?

—Estoy asustada, m'hijo. Y estoy feliz y orgullosa al mismo tiempo. Éste es tu sueño hecho realidad. Solo estoy asustada de que algo malo pueda pasar.

—No, mamá. Nada va a pasar, te lo prometo —dije con seguridad. Por un momento, parecía que era un cambio de papeles. Yo era el padre que estaba calmando a una niñita espantada.

—Hijo...

—¿Sí?

—No olvides que te quiero —dijo.

—Nunca. Un niño nunca olvida el amor de su madre.

◄ El transbordador *Discovery* en la plataforma de lanzamiento.

Recordar todo lo que tuve que hacer para llegar hasta donde estaba en ese momento pareció una tarea eterna. Todo mi estudio, preparación y trabajo por fin estaban rindiendo frutos. Tan solo pensar en los individuos y situaciones que se cruzaron en mi camino en la vida me hizo darme cuenta de lo afortunado y bendecido que era.

A medida que se acercaba la fecha del lanzamiento, se volvió más difícil dormir. Me volteaba de un lado al otro por horas hasta que por fin podía quedarme dormido. Parte de la razón por la cual no podía conciliar el sueño era que seguía pensando en lo que pudiera salir mal durante la misión. "¿Y qué tal si algo falla?" "¿Qué pasará con mi familia?" "¿Cómo lo manejarán mi esposa, mis hijos y mis padres?" Esos pensamientos perturbaban mi tranquilidad.

Por fortuna, a medida que la fecha se acercaba, no había tiempo para preocuparse por otra cosa que no fuera la misión. De entrada, la tripulación comenzó a adaptarse a un nuevo itinerario: ir a la cama a las ocho de la mañana y despertar a las cuatro de la tarde. Nos vimos obligados a cambiar nuestro ciclo de sueño porque ésas eran las horas en las que estaríamos trabajando en la Estación Espacial Internacional.

Mientras más se acercaba la fecha, más claros se volvieron los objetivos de la misión. El primero de ellos era transportar a un nuevo miembro de la tripulación, Nicole Stott, a la EEI y regresar a casa con otro astronauta, Tim Kopra, quien ya había pasado más de dos meses en el espacio. Segundo, teníamos que efectuar tres caminatas espaciales para reemplazar uno de los tanques de amoníaco de la estación, además de preparar y colocar toda la plomería hidráulica y eléctrica necesaria para instalar un nuevo módulo, el cual iba a colocarse en el siguiente vuelo. Por último, llevábamos un laboratorio portátil italiano llamado Módulo Logístico Multipropósito (MPLM), al que afectuosamente se le da el sobrenombre de *Leonardo*. El MPLM era uno de tres módulos portátiles que podían viajar con el transbordador espacial en la bodega de carga útil y, una vez que nos conectáramos con la EEI, lo acoplaríamos a ella con el brazo robótico de la Estación. Dentro de *Leonardo* llevamos más de siete toneladas de equipo, experimentos, alimentos y agua que requerían transferirse a la Estación. También debíamos traer de vuelta a la Tierra cerca de una tonelada de equipo y desperdicio que ya no se necesitaba. Dicho esto, solo teníamos 13 días para completar los tres objetivos de la misión. Era un itinerario intenso y sencillo, sin lugar para errores. Yo, junto con los otros seis miembros de la tripulación, estábamos ansiosos por asegurarnos de que todo se ejecutara de acuerdo con el plan.

Como especialista de la misión STS-128, usando el laboratorio de realidad virtual en el simulador de vehículo espacial en el Johnson Space Center de la NASA para practicar algunos de mis deberes abordo del transbordador y en la Estación Espacial.

La tripulación del STS hace una pausa para tomarse una foto grupal durante las actividades del Test de Conteo y Demostración Terminal (TCDT). De izquierda a derecha: Danny Olivas, Kevin Ford, Nicole Stott, Pat Forrester, Frederick "CJ" Sturckow, José Hernández (yo) y Christer Fuglesang. El TCDT incluye entrenamiento de escape de emergencia del orbitador, ocasiones para inspeccionar la carga de la misión en la bodega de carga de los orbitadores y ejercicios de conteo regresivo simulado.

Reflexivo durante uno de nuestros últimos días de entrenamiento
antes del lanzamiento.

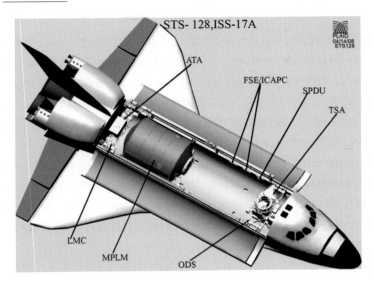

La carga útil del transbordador espacial incluiría el Módulo Logístico Multipropósito (MPLM), así como el Portador de la Superestructura Ligera (LMC). El peso total de la carga útil, sin contar el contenido del middeck, era de 31 694 libras (~14 376 kilos). El peso que se esperaba de regreso era de 19 053 libras (~8 642 kilos). En el middeck se transportaría a GLACIER, un congelador diseñado para ofrecer transporte criogénico con capacidad de preservación para muestras.

Durante nuestros pocos momentos de tiempo libre, mis colegas y yo conversábamos sobre diferentes temas. Nos decíamos unos a otros con una sonrisa: "Somos una familia". Incluso compartíamos nuestras historias personales de temor e incertidumbre. "¿Es normal estar asustado frente a la incertidumbre? Aunque es mi cuarta vez en el espacio, yo todavía siento como si fuera la primera", dijo nuestro comandante Frederick W. Sturckow.

Durante la era de los transbordadores espaciales, solo dos tragedias han ocurrido en un periodo de más de 30 años, que pusieron una nube negra sobre la NASA: *Challenger* y *Columbia*. Ambos incidentes han quedado grabados por siempre en la memoria de las personas. Un error humano puede ocurrir en cualquier momento sin previo aviso. La perfección es solo divina y nadie en la Tierra tiene este don. "Solo Dios es perfecto", me recordé. Crecemos como individuos gracias a los errores y las experiencias pasadas, algo de lo que no me di cuenta sino hasta mucho después.

Fue el 25 de marzo de 1979 cuando se completó la primera nueva generación de naves espaciales. Se presentó un nuevo modelo (*Columbia*). Si se amortizaban en cuanto al uso para el que estaban pensados, los transbordadores espaciales costarían menos que las naves espaciales anteriores, y contarían con mayor capacidad de maniobra y de reutilización, en comparación con las naves del pasado, como las usadas en las misiones *Apollo*.

Si en realidad se logró ese objetivo o no depende de cómo se haga la contabilidad. El transbordador espacial *Columbia* se lanzó al espacio por primera vez el 12 de abril de 1981, seguido por el *Challenger*, un año después, y el *Discovery* en 1983. Fue el inicio de una nueva era de operaciones espaciales en la órbita baja de la Tierra.

Pero la euforia pronto se hizo polvo por el desastre del STS-51L *Challenger* el 28 de enero de 1986. Explotó 73 segundos después del despegue, matando a toda la tripulación abordo como resultado de una falla de la junta tórica en uno de los cohetes aceleradores sólidos. Los siete miembros de la tripulación abordo no tuvieron la oportunidad de llegar al cielo mientras todavía vivían. Entre ellos estaba una maestra de 37 años de edad, Christa McAuliffe, la primera persona civil en ser escogida para viajar al espacio de entre más de 10 000 candidatos.

En 1992, el *Endeavour* se presentó como reemplazo del *Challenger*. De hecho, los lanzamientos posteriores al *Challenger*, incluyendo los del *Endeavour*, fueron muy exitosos, pero todo cambió de nuevo en febrero de 2003 cuando el *Columbia*, de regreso a casa después de un viaje espacial triunfante, comenzó a desintegrarse en los cielos de Texas. Una vez más, se suspendieron de manera temporal todos los lanzamientos futuros hasta que un consejo de investigación reportara la causa que originó el accidente y diera recomendaciones para mejorar las operaciones de seguridad del transbordador. Esa era la historia…

Cerca de cuatro días antes del lanzamiento, por lo general se transfiere a los astronautas al Kennedy Space Center a bordo de los jets T-38, pero un clima desfavorable evitó que esto ocurriera con nosotros, así que fuimos transferidos en un avión de la NASA en el cual solíamos practicar nuestros aterrizajes del transbordador. Ya que el clima no era ideal, me puse un poco pesimista. Yo no solía pensar en forma negativa, en particular durante una ocasión especial, pero esta vez me encontré teniendo una y otra vez pensamientos negativos.

Nuestra tripulación pasó casi una semana en cuarentena en el Johnson Space Center y en el Kennedy Space Center para evitar infecciones o enfermedades. Nuestros familiares podían visitarnos después de varias revisiones médicas, así que mi esposa Adelita iba a verme con periodicidad.

Llegando al Kennedy Space Center en jets T-38 y haciendo un vuelo alrededor del complejo de lanzamiento con el transbordador *Discovery* en la plataforma de lanzamiento.

En la víspera de nuestro lanzamiento se dijeron oraciones, se repartieron bendiciones, se compartieron abrazos y se derramaron lágrimas antes de dar el adiós final a nuestras parejas.

"Mañana será una noche muy especial", le dije a mi esposa antes de que nos despidiéramos.

Siguieron más abrazos y besos antes de que nuestras manos se separaran. Esa noche el aire estaba calmado y fresco. El sol se estaba ocultando, haciendo que mi sombra desapareciera por completo. Después la noche se hizo oscura como el cabello de Adelita que se movía con el viento mientras caminaba hacia mí. Estábamos en la "casa de playa" junto al Kennedy Space Center, un histórico edificio donde, desde la época del *Apollo*, muchos astronautas, antes de partir al espacio, se despiden de sus esposas. Un par de aretes de perla y un anillo de bodas embellecían más la figura de la mujer que siempre estuvo a mi lado. "Aquí estoy", dijo. Podía ver y leer muchas cosas en sus ojos. Nos abrazamos y disfrutamos de una cena romántica a la luz de las velas.

—¿Cómo te sientes? —preguntó con su voz dulce y tierna.

—Bien —respondí.

—Los niños te mandan saludos cariñosos. No pueden dejar de hablar de su padre astronauta con todos sus amigos.

—¿De verdad? Diles que los amo y que siempre estoy pensando en ellos.

—Ellos lo saben.

—Mira Adelita —señalé cuando comencé a hablar acerca de los artículos personales que iba a transportar conmigo al espacio. Llevo un escapulario —dije mientras lo describía—. Unas monjas de Puebla me lo mandaron cuando supieron que iba a viajar al espacio. También llevo una pequeña bandera mexicana que planeo entregar al presidente Calderón a mi regreso; y también llevo una bandera por los sobrevivientes del Escuadrón 201 de la Segunda Guerra Mundial. Son el único escuadrón aéreo de México que peleó junto con Estados Unidos en la Segunda Guerra Mundial.

—¿Y qué más? —me preguntó curiosa.

—El crucifijo que me diste, nuestras argollas de matrimonio, y cinco medallitas de la Virgen de Guadalupe, una por cada uno de nuestros hijos, así como una fotografía de nuestra familia —dije mientras sacaba la argolla de matrimonio de su dedo para llevarla conmigo.

Adelita no pudo contener las lágrimas y comenzó a llorar. No recuerdo haberla visto llorar con tanto sentimiento. Cuando se levantó para abrazarme, se aferró a mí como un adorno de Navidad se cuelga del árbol. Me daba cuenta de que quería decir algo, pero no lo hizo. En mi corazón, sentí que me expresaba: "No quiero separarme de tu lado. Temo por ti. Te vas lejos, muy lejos y no sé si regresarás". Pude sentirlo cuando me abrazó; podía leerlo en sus hermosos ojos verdes, que estaban fijos en mí. Acaricié su cabello y su cara para asegurarle que no habría problemas. "Todo va a estar bien, lo prometo", le dije. Me sentí inútil y todo lo que pude hacer para disipar sus temores fue abrazarla fuerte, queriendo que nunca se fuera. El reloj seguía caminando y pronto sería tiempo de partir.

Tuve un caso grave de insomnio el día previo a la misión. Pero aún así fui capaz de realizar las preparaciones de último minuto que necesitaban llevarse a cabo para asegurar que todo estaría listo cuando llegara el momento. Habían sido un par de días con muy poco tiempo para descansar, mucho menos para recuperar el aliento. La lista de pendientes de la tripulación creció tan rápido que en realidad no nos percatamos de que el siguiente sería el día que todos habíamos estado esperando por mucho tiempo. Para mí era el momento que había estado esperando desde mi niñez. "A esta hora mañana, estaré en el espacio", me dije el día previo al lanzamiento.

Nos ordenaron descansar antes de nuestro gran día. Pero fue casi imposible para mí hacerlo. Todas mis esperanzas, sueños y temores dependían de lo que iba a ocurrir al día siguiente. Mi mente no podía manejar los incontables pensamientos que viajaban en ella a la velocidad de la luz. No fue fácil ser astronauta, y la carga de trabajo que vino con el título añadió una capa de responsabilidades y presión. Sin embargo, mi trabajo tenía muchos reconocimientos y ventajas.

Después de años de anhelos y sueños, el momento de la verdad por fin había llegado. Teníamos que despertar siete horas antes de nuestro lanzamiento programado para preparar y organizar todo, así que me levanté a las 3:35 de la tarde y me

El *Discovery* en la plataforma de lanzamiento la tarde en que iniciaríamos el viaje.

di cuenta de que todavía tenía más de siete horas hasta el momento de la verdad. Sin embargo, ¡el tiempo voló!

Una vez que estuvimos despiertos, nos tomó un par de horas prepararnos en los cuartos de la tripulación antes de que nos dirigiéramos hacia la plataforma de lanzamiento. Estas preparaciones incluyeron escuchar el reporte del clima, que los técnicos nos vistieran con los trajes anaranjados de lanzamiento y regreso, y continuar la tradición de jugar cartas. Steve Lindsey nos estaba esperando para llevar a cabo este ritual particular que comenzó durante el programa *Apollo*.

—Es tiempo —nos dijo con entusiasmo. ¿Cómo se sienten?

—Bien —respondimos los siete al unísono.

Estaba listo y tenía un paquete de cartas en su mano. El jefe de la oficina de astronautas, en este caso Steve Lindsey, iba a jugar con cada uno de los astronautas un juego para sacar cartas altas. Todos los tripulantes debían ganarle antes de abordar la nave, según se dice, para la buena suerte. Así ocurrió. Después, Steve nos dirigió unas palabras de aliento que buscaban calmar nuestros nervios:

—Todo estará bien. Solo hagan su mejor trabajo. Disfruten la experiencia y la vista espectacular. No todos son tan afortunados de tener esta oportunidad.

Buena suerte a todos —dijo.

Las estrellas parecían haberse alineado a mi favor y ahora estaba viviendo mi gran sueño y nada podía detenerme.

Personalmente había sido parte de numerosos lanzamientos, por lo que sabía el procedimiento a la perfección; excepto que esta vez no estaba ayudando a preparar a los astronautas para su lanzamiento. Por increíble que pareciera, yo era quien usaba el traje anaranjado de lanzamiento y regreso. Al momento de estármelo poniendo, innumerables recuerdos e imágenes de mi infancia pasaron por mi mente. Veía mi nombre bordado en el lado izquierdo de mi traje bajo un par de alas blancas, que protegían mi corazón, como me gusta pensar.

Nos trasladamos hasta la plataforma de lanzamiento en la Astro Van, juntos, como tripulación, sonriendo. El *Discovery* nos esperaba. Íbamos a pasar 14 días en el espacio, flotando sobre la Tierra, bajo las estrellas.

Llegamos a la plataforma y entramos al elevador para subir al nivel de 192 pies (casi 59 metros) donde teníamos acceso a la escotilla del transbordador. Un pasillo nos permitió acercarnos al Cuarto Blanco que estaba junto a la escotilla. Fue justo en ese sitio donde nos pusimos los últimos elementos del equipo antes de entrar al transbordador para que nos asegurara el personal de cierre, entre quienes se

Texto del boletín de la NASA

Este es el primer vuelo espacial para José Hernández. Fue seleccionado como astronauta de la NASA en 2004 y completó su entrenamiento inicial en febrero de 2006. Está programado para llevar a cabo operaciones robóticas para inspeccionar el Discovery tras el lanzamiento y ayudar con la transferencia de carga del transbordador a la estación.

hallaba uno de nuestros colegas. Uno por uno, nos llamaron y tomamos nuestros asientos. Al frente se hallaba Frederick W. Sturckow, o "CJ", como lo llamábamos. Ya había ido al espacio tres veces antes y todo era rutinario para él. A su lado se encontraba Kevin A. Ford, el piloto, quien estaba a punto de experimentar todo por primera vez, como yo. Patrick G. Forrester, hacía su tercer viaje al espacio. Después yo, especialista 2 de misión e ingeniero de vuelo en mi primera vez. Junto al *middeck* se hallaba John "Danny" Olivas, un compatriota mexicano-americano cuyos abuelos eran de Chihuahua y que, igual que el astronauta sueco, Christer Fuglesang, estaba en su segunda misión para la NASA. Por último, se encontraba Nicole Stott, también en su primer viaje.

Una vez en la plataforma de lanzamiento, pasaron unas horas más antes de que se efectuara el conteo regresivo y comenzara el viaje hacia el espacio. Los miembros del personal de cierre salieron del transbordador. La escotilla fue cerrada, el personal de cierre hizo una revisión de fuga de cabina y después desmanteló el Cuarto Blanco para despejar la plataforma de lanzamiento.

Durante la última hora, mientras estaba sentado ya asegurado a mi asiento en la cabina de mando, un millón de pensamientos pasaron como ráfaga por mi cabeza:

◆ *50 minutos...* Para evitar pensar en el tiempo que restaba, comencé a enfocar mi atención en otros asuntos. Recordé el tiempo que pasé en los campos cuando niño, cosechando diferentes frutas y verduras, mientras

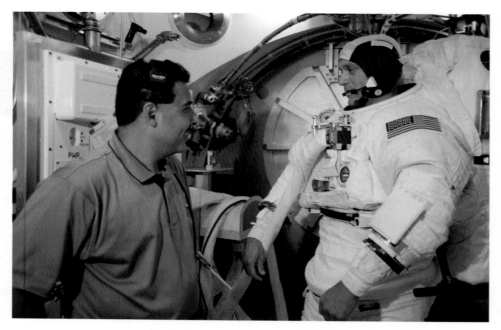

Con mi paisano, "Danny" Olivas.

miraba al cielo, soñando en cómo un día alcanzaría las estrellas. Siempre me maravillaron los cielos de California y Michoacán, tan azules.

◆ *40 minutos...* México me vino a la mente. Pensé en cómo pisaría de nuevo su suelo a mi regreso. Lo único que quería hacer era respirar el aire fresco donde mis abuelos vivieron y caminaron a lo largo de la presa en Ticuí-taco, como yo solía hacerlo con mi abuelo. También anhelé regresar a La Piedad, al kiosco en medio de la plaza donde mis padres se conocieron y se enamoraron. Pensé en lo agradable que sería tomar una taza de café en "El Sorrento", mirando hacia la plaza del pueblo.

◆ *30 minutos...* Estaba sumido en mis propios pensamientos. No podía esperar el momento en que me reuniera con toda mi familia. Quería abrazarlos a todos y agradecerles por enseñarme valiosas lecciones de vida que me ayudaron a lo largo del camino.

◆ *20 minutos...* Después de todo el arduo trabajo, sacrificio y dedicación que hicieron que mi sueño de la infancia se volviera realidad, todavía no podía creer que mi oportunidad había llegado. Estaba agradecido por todo lo que tenía a esta altura de mi vida. ¡Quién hubiera pensado que un niñito de los campos de California con zapatos rotos y ropa vieja usaría un día un uniforme de la NASA! Yo era el niño más feliz ese día, con las manos sudadas y el corazón latiendo tan rápido como cuando conocí a Adelita. Seguí pensando en las cosas maravillosas que se ofrecen a aquellos que se atreven a soñar. Aprendí que con una educación sólida los sueños pueden volverse realidad. Justo como mis padres me lo habían prometido. "Mírense bien", decía mi padre al final de cada día de trabajo en los campos a mis hermanos y a mí. "¿Este es el futuro que quieren para ustedes? ¿Quieren ver sus manos así, llenas de lodo? Bueno, así lucirá su futuro si no obtienen una educación." ¡Mi papá tenía razón! La educación es importante para triunfar.

◆ *10 minutos…* La magia es difícil de descubrir, pero creo que la pasión en el corazón y el pensamiento positivo son los dos ingredientes para conseguir algo. Solo hay que preguntar a un científico, un inventor o un artista. Una simple idea, o un sueño, han originado algunos de los inventos más grandes de la historia.

De repente, estaba escuchando el conteo. Faltaban nueve minutos. Es aquí donde el Launch Control Center (LCC) hace las revisiones finales de sistemas. Casi era tiempo.

"Hagan sus ajustes finales y prepárense para el despegue", escuchamos.

"Revisión de cabina completa."

"Manuales listos."

Segundos antes del lanzamiento, el suelo de la plataforma de lanzamiento se rocía con agua en un esfuerzo por amortiguar el ruido y las vibraciones como resultado de la energía disipada por los tres motores principales del transbordador y los dos cohetes aceleradores sólidos.

Todo iba de acuerdo con el plan hasta que Pete Nickolenko, el director de lanzamiento, nos informó que las condiciones climatológicas eran "desfavorables". Cincuenta minutos después, nuestra misión fue abortada debido a tormentas locales en el cielo de Florida. Los que tomaron la decisión en el LCC, liderados por Pete, acordaron que dado el clima, nuestras reglas de vuelo no nos permitirían volar al espacio esa tarde. Puse una cara que parecía no mostrar decepción, pero muy dentro de mí, mis emociones reflejaban el clima de fuera.

Mientras salíamos del transbordador nos miramos unos a otros con decepción. Me era difícil controlarme; deseaba tanto que despegáramos. Sentí como si me entregaran mi sueño en las manos y luego me lo arrebataran. No estaba claro cuándo podíamos retomar la misión. Algunos pensamos que un periodo de 24 horas sería tiempo suficiente para que el clima mejorara. Regresamos a la sala de tripulación del KSC. Nos quitamos nuestros trajes anaranjados de lanzamiento y regreso (LES). Después de bañarme y ponerme ropa de calle me consolé diciéndome, "Si esperé casi 40 años para este momento, ¿qué son otras pocas horas o días?".

Unas cuantas horas después se anunció una nueva fecha y hora para el lanzamiento de la misión STS-128 del *Discovery*: miércoles 26 de agosto de 2009. Era un retraso de 48 horas. Fue obvio que el Equipo de Administración de la Misión (MMT), que había puesto la nueva fecha de lanzamiento, no compartía nuestro optimismo de que el clima iba a mejorar en solo un día.

Esa noche dormimos en camas, en la Tierra, en vez de hacerlo en la bolsa de dormir ingrávida que había esperado experimentar por tanto tiempo. Mientras los técnicos de trajes colgaban mi traje LES de color naranja en el vestidor de astronautas ubicado en la sala de la tripulación en el KSC, todo lo que podía pensar era en ponérmelo de nuevo. Lo más pronto que eso iba a suceder era el miércoles. Sin embargo, cuando el anhelado miércoles llegó, supimos que tampoco iba a suceder ese día.

"Descubrimos una válvula de control de combustible defectuosa que se está reemplazando en este momento. Hemos recorrido la fecha de lanzamiento, de nuevo, para las *11:59:37* PM EDT *del 28 de agosto de 2009"*, informó la NASA.

Una vez más, mi momento de ponerme el traje anaranjado se pospuso. Para ser honesto, tener que esperar de nueva cuenta fue frustrante y molesto. Cada vez que veía un calendario o el reloj, parecía como si el tiempo se hiciera más lento a propósito solo para molestarme. Tratamos de sacar lo mejor de la situación y dijimos que esto solo significaba que seríamos la "tripulación principal" por un periodo más largo. Ser la tripulación principal —lo que se define como la próxima tripulación en la "fila" para lanzamiento— tiene sus beneficios. Por ejemplo, se tiene prioridad para entrenar y reservar jets T-38 y así cumplir con los requerimientos de tiempo de vuelo. También decíamos "La tercera es la vencida" entre nosotros,

La tripulación de la misión STS-128 abordando la camioneta que nos conduciría a la plataforma de lanzamiento.

En el Cuarto Blanco justo antes de entrar y quedar sujeto en la cabina de vuelo del *Discovery*.

para aumentar nuestro entusiasmo y elevarnos la moral. Sin embargo, sabíamos perfectamente que si la misión se posponía de nuevo, era muy probable que el *Discovery* se quedara en la Tierra por un par de meses. En resumen, más retrasos resultarían no en unos cuántos días, sino en meses que faltarían para el despegue. Me seguía repitiendo que necesitaba ser paciente, ¿pero cómo podía ser paciente cuando estaba lleno de pura adrenalina?

El viernes nos encontramos de nuevo sentados dentro del *Discovery*, listos para el despegue. Con solo dos horas y media para el lanzamiento, ahora sabía que era cuestión de tiempo antes de que apretaran un botón y estuviéramos camino al espacio. El equipo de la NASA en Houston confiaba en que la tercera vez, en efecto, sería la vencida. Entonces, de repente, cuando el conteo pasó más allá del minuto nueve y bajó hasta "5... 4... 3...", cerramos los visores de nuestros cascos y escuchamos los tres motores principales encenderse. Poco después de eso, sentimos las sutiles vibraciones de los motores. Dos segundos después, cuando el conteo llegó a cero, el nivel de ruido aumentó y el orden de magnitud y las vibraciones se volvieron más violentas. ¡Los dos motores sólidos pegados al lado de los tanques externos habían hecho ignición! Justo cuando pensé que todo el transbordador iba a tronar o caer hacia un lado, sentí la presión en mi espalda y escuché "0... ¡despegue!".

¡De reojo pude ver cómo la torre se quedaba atrás mientras nos elevábamos! ¡Ya estamos en camino!, pensé. El recuerdo de nuestras simulaciones de entrenamiento se apoderó de mí con rapidez. De inmediato me enfoqué en mi trabajo como especialista 2 de misión, que iba a ejecutar la función de ingeniero de vuelo. Comencé a leer los objetivos predeterminados a nuestro comandante y al piloto mientras monitoreaba las pantallas e indicadores enfrente y encima de mí para asegurar que ninguno se desviara de sus lecturas esperadas.

Las partes más agitadas de nuestra misión fueron el despegue y el vuelo subsecuente de 8 ½ minutos al espacio, mientras íbamos desde nuestra posición en la plataforma de lanzamiento hasta orbitar el planeta a más de 17 500 millas por hora (~28 000 kph) a una altitud cercana a las 260 millas (~420 kilómetros).

El *Discovery* tres segundos después del lanzamiento.

El *Discovery* ocho segundos después del lanzamiento.

Dos y medio minutos después del lanzamiento, los dos cohetes aceleradores sólidos se separaron y cayeron al océano cerca de 200 millas (~320 km) al noreste del Kennedy Space Center. El SRB despliega un paracaídas que les permite caer con delicadeza en el océano, donde dos botes de la NASA los esperan. Una vez recuperados, pueden ser reacondicionados y usados de nuevo. Después de esos primeros instantes, los siguientes seis minutos se volvieron un poco más tranquilos y el viaje se calmó mucho más cuando alcanzamos los 8 ½ minutos de vuelo y llegamos al apagado de los motores principales o MECO. Esto significó, básicamente, que se llegó a la velocidad máxima de 17 500 mph y que se habían apagado los motores principales. El siguiente paso era monitorear la separación del tanque externo, el cual alimentaba nuestros tres motores principales. Dicho tanque externo suele terminar tan alto que no sobrevive a la reentrada a la atmósfera y, por tanto, se desintegra en muchas piezas y cae —sin peligro— en el océano. Pero el transbordador posee suficiente energía para continuar hacia arriba, y cuando es apropiado, comienza a orbitar el planeta. Pronto llegaríamos a un ambiente de microgravedad y comenzaríamos a flotar en el espacio, justo encima de la Tierra.

Nuestra misión iba por buen camino.

El *Discovery* en órbita durante la fase de encuentro con la Estación Espacial Internacional (EEI) desde la perspectiva de los astronautas en la estación.

Mi "cuaderno de bitácora" registra que hubo eventos muy especiales e importantes, como los siguientes:

Día de vuelo 1

El tiempo en el espacio es crucial, no solo para la NASA, sino también para los astronautas. Cada uno de nosotros tenía un programa estricto de responsabilidades y deberes que cumplir. Era nuestro trabajo seguir y mantener el itinerario para evitar cualquier retraso. Lo primero que hicimos fue cambiarnos los trajes anaranjados de lanzamiento por ropa más cómoda: camisas tipo polo y pantalones kaki. Esto es posible pues el propósito de los trajes LES es servir como un sistema hermético que brinda oxígeno en caso de una despresurización repentina de la cabina durante el ascenso o el reingreso, así que en aquel momento podíamos prescindir de ellos.

La segunda cosa que llevé a cabo fue instalar las computadoras portátiles a bordo. Una de las laptops nos dio la capacidad para ver sobre cuál parte del mundo estábamos volando por medio de una aplicación de la NASA llamada Worldmap. Las fotografías y datos tomados durante nuestra misión se transmitieron al Mission Control Center de la NASA en Houston mediante esas laptops. La activación de software de monitoreo de impacto también requería su propia computadora y, la última computadora que instalé nos permitió tener conciencia situacional a medida que nos acercábamos y conectábamos con la Estación Espacial Internacional. Las tareas llevadas a cabo por otros miembros de la tripulación incluyeron abrir las puertas de la bodega de carga útil y hacer un reconocimiento de la misma, desplegar la antena de Banda Ku y activar el brazo robótico.

@Astro_Jose Jose Hernandez
Espero la cosecha de mi sueno sirva como inspiracion a todos! Acabo de configurar las computadoras. Buenas noches!
29 ago 09 vía twitter utilizando la web

Fui el primero en mandar un tweet en español desde el espacio.

Se dice que cerca de 20% de los miembros de la tripulación experimentan el síndrome de adaptación espacial. Noté que afectaba más a unos de nosotros que a otros. Por mi parte puedo admitir que tuve una ligera sensación de náuseas durante el primer día, pero ciertamente no afectó las labores que tenía que completar.

Recuerdo que el doctor me lo advirtió durante mi última revisión: "Se llama 'síndrome de adaptación espacial'. Sentirás náuseas como todos los demás a bordo. Es un malestar agudo que desaparecerá poco a poco con algo de medicina."

Aunque mi estómago no dejó de girar —igual que mis emociones—, por fortuna, la medicina ayudó. Una vez que terminamos de comer e hidratarnos, tomamos cada uno una bolsa para dormir, la atamos a la pared, apagamos las luces, y nos dispusimos a descansar. "Buenas noches", nos dijimos todos.

Vi oscuridad total cuando miré por la pequeña ventana del transbordador. Tan pronto como me puse cómodo en la bolsa de dormir, mis ojos comenzaron a cerrarse. Para mi sorpresa, esa noche no pude pensar o soñar con nada. Lo único que quería era dormir. Había experimentado y hecho muchísimo tan solo en las primeras horas en el espacio.

Un día típico de flotación en uno de los módulos de la EEI mientras desempeñábamos nuestras labores.

Día de vuelo 2

El segundo día de nuestra misión estuvo dedicado a la inspección del sistema de protección térmica localizado en el borde de ataque de las alas y en la base del fondo del transbordador. Para hacerlo, tres miembros de la tripulación se turnaron para operar el brazo robótico pegado al Orbiter Boom Sensor System (OBSS, Sistema Sensor de la Pluma del Orbitador). Por fortuna, después de la inspección, todo pareció estar bien, pero teníamos que esperar hasta que los ingenieros en Houston revisaran el video que grabamos y transmitimos antes de que pudiera declararse de manera oficial que no ocurrió ningún daño a nuestro sistema de protección térmica durante el ascenso al espacio. También revisamos el traje espacial de la Extravehicular Mobility Unit (EVA) junto con la instalación de la cámara de línea central. La cámara fue importante porque nos ayudó a atracar en la Estación Espacial Internacional. Mi actividad final durante el segundo día en el espacio fue llevar a cabo la revisión del software de herramientas para el encuentro en una de las computadoras portátiles que había instalado en nuestro primer día. El resto de las tareas menores se desarrollaron de acuerdo con nuestros itinerarios individuales. En cuanto a mis náuseas, habían disminuido, pero no del todo.

—¿Todavía no te sientes bien, José? —preguntó el comandante CJ.

—Me temo que no —le dije.

—Los otros miembros afectados de la tripulación ya no tienen náuseas, ni sienten mareos —dijo mientras le daba una palmada en la espalda a uno de los compañeros. Se te pasará.

—Espero que tengas razón, CJ.

—Ya verás que sí —me dijo con una voz casi paternal.

Pronto comencé a sentirme mucho mejor. "¡Gracias a Dios!", me dije. Hacia el final del día tuve unos momentos para sentarme y disfrutar la experiencia que estaba viviendo.

———

¡Lo había logrado! ¡Estaba en el espacio! Se asomó una luz sutil en medio de la oscuridad total fuera de la ventana. Vi mi reflejo en ella mientras miraba a esa pequeña estrella brillante. Pasaron uno o dos minutos antes de volver mi atención al interior para ver lo que me rodeaba. Vi a todos durmiendo pacíficamente, pero yo no podía. Estaba fascinado porque las estrellas se

veían mucho más brillantes y parecían estar mucho más cerca. ¡No podía creerlo! Comencé a tener flashbacks; pensaba en cómo solía contar las estrellas desde la ventana de mi cuarto en casa. Una, dos, tres. Cada estrella lucía diferente desde lejos. Pero aquí, en el espacio, aunque no estaban más cerca, de alguna forma parecían distintas.

El primer día en el espacio concluyó con esos pensamientos maravillosos. Cerré los ojos y me quedé dormido.

En el espacio, usando una camiseta de mi alma máter, la University of the Pacific.

Día de vuelo 3

Estábamos a casi 183 metros de la Estación Espacial Internacional. Nuestro transbordador comenzó la rotación de 360º con el propósito de que nos retratara la tripulación de la estación especial usando fotografía y video de alta resolución. La tarea hizo posible otro procedimiento que permitía detectar cualquier daño al sistema de protección térmica. Este era un nuevo protocolo debido a la tragedia del *Columbia*.

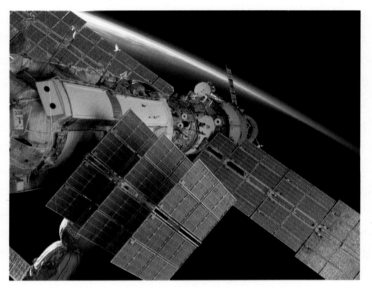

Mirando hacia afuera desde el lado ruso de la Estación Espacial Internacional
con la Tierra al fondo durante la salida del sol, que ocurría cada 90 minutos.
¡Qué delgada y delicada parece la atmósfera de la Tierra!

—No hay reportes de problemas —informó el MCC de Houston a nuestro comandante, CJ.

Además del lanzamiento, atracar el transbordador en la EEI fue una de las fases
cruciales del vuelo. Nos acercamos a la Estación y, en esencia, hicimos una colisión
lenta y controlada hacia el *Harmony*, adaptador presurizado de acoplamiento 2 de
la EEI. Nuestra suave colisión permitió al mecanismo de acoplamiento enganchar
y mantener la conexión física del transbordador y la Estación. Al presurizar el
adaptador de acoplamiento y abrir nuestras respectivas escotillas, pudimos entrar
a la EEI. Estados Unidos y Rusia, por turnos, designaron a uno de los miembros
de sus respectivas tripulaciones como comandante de la Estación. Nos recibió un
comandante ruso y su tripulación internacional conformada por cinco personas.
Una vez en la EEI, éramos 13 astronautas representando a cinco países. "En verdad
un esfuerzo internacional", pensé.

—Bienvenidos a la Estación Espacial Internacional —dijo el comandante de la
EEI, Gennady Padalka.

—Muchas gracias —respondió nuestro comandante, "CJ" Sturckow.

—Vamos a darles nuestro informe de seguridad de la EEI —continuó.

Noté que estaban muy felices de vernos. Quería pensar que era porque les caíamos bien, pero bromeé con uno de los miembros de la tripulación y le dije que tal vez estaban más contentos porque sabían que les llevábamos frutas y verduras frescas. La mayoría de ellos habían estado en la EEI más de tres meses, y llevaban tiempo sin probar esos alimentos.

La tripulación de la EEI nos dio la bienvenida y sé que hicieron lo posible por hacernos sentir en casa. Estaba programado que nosotros, la tripulación del *Discovery,* pasáramos nueve días abordo de la Estación Espacial Internacional, llevando a cabo investigaciones para las cuales debíamos instalar el laboratorio portátil MPLM. Además, íbamos a realizar tres caminatas espaciales o EVA que nos permitirían dejar hechos los preparativos finales para la instalación de un nuevo módulo en una siguiente misión. Por último, también procederíamos al intercambio entre Nicole Stott y Tim Kopra.

Los siete miembros de la tripulación del *Discovery* y los seis de la EEI justo después del acoplamiento. Nosotros 13 oficialmente representábamos a cinco países.

Operando el brazo robótico de la Estación Espacial Internacional.

Desactivando el brazo robótico de EEI.

Día de vuelo 4

—¿Todo está listo, José?

—Todo está preparado —comuniqué al MCC de Houston.

—Muy bien. Entonces vamos a comenzar.

Ajusté y moví los controles de giro e inclinación de las cámaras de la Estación Espacial Internacional y del transbordador para dar a nuestro piloto Kevin Ford una visión clara de la ubicación del brazo robótico mientras lo maniobraba para instalar el MPLM. Las cámaras del transbordador y de la EEI se enfocaron en el MPLM para asegurar el margen apropiado y su colocación precisa en el puerto que da a la Tierra, del nodo *Harmony* de la EEI. Fue una tarea lenta y tediosa que requirió concentración constante. Durante uno de nuestros descansos pude prepararme un aperitivo, incluyendo el tan deseado café. Al estar en un ambiente de microgravedad, el café desde luego no se toma en una típica taza, sino que teníamos que prepararlo en una bolsa y tomarlo con un popote.

Cuando terminamos de acoplar el MPLM ya era momento de cenar. La cena de un astronauta es muy peculiar; es comida deshidratada y sellada al vacío, y requiere que se le agregue agua caliente para poderse ingerir.

—Hoy tenemos sopa y carne para cenar. Y de postre, fresas con crema —dijo Patrick, nuestro especialista 1 de misión.

—¿Y qué hay de las tortillas? Yo no como nada sin tortillas —dije bromeando.

—Lo sabemos, José. Eres un verdadero mexicano —respondió mi comandante.

———————

Pocos saben que en el espacio se consumen tortillas. La razón es que son un buen sustituto para el pan, y lo más importante, no producen migajas que pueden causar algún daño al equipo del transbordador.

———————

Así que estaba feliz de poder comer algo familiar a mi paladar.

—Miren, José trajo la bandera mexicana —comentó Nicole mientras comía sus fresas con crema.

—Así es —dije, esperando de algún modo que alguien se ofreciera a tomarme una foto con la bandera.

—¿Puedo preguntar por qué?

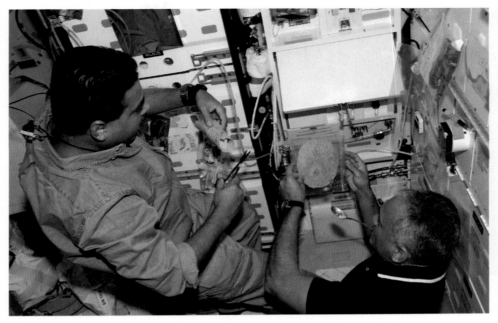

Aquí estoy con "Danny" preparando tacos de huevo para el desayuno.

—Quiero tener algo de la tierra de mis padres. A últimas fechas no he podido
   ir a México y, para ser franco, siento que olvidé mis raíces desde la muerte
   de mis abuelos.

—Algo me dice que eso va a cambiar —dijo Nicole en tono bromista.

Ella no lo sabía, pero tenía razón. Antes del viaje había recibido una llamada del
presidente de México, Felipe Calderón, para desearme buena suerte y para invi-
tarme a visitar México a mi regreso. Así que quería entregarle personalmente la
bandera que llevaba conmigo.

La misión de la tripulación continuó y pasamos nuestros días no solo trabajando y planeando, sino también disfrutando de pequeñas ventanas de oportunidades
que teníamos en las tardes: ya sea escuchando música, viendo nuestro planeta o
conversando con otros miembros de la tripulación abordo de la Estación Espacial
Internacional. Sin embargo, la mayor parte del tiempo debíamos trabajar desde la
hora que despertábamos hasta la hora en que nos íbamos a acostar. Por alguna
razón, no pude dormir en mi cuarta noche en el espacio.

"¿Qué pasará cuando regrese a casa de mi misión?", me pregunté en silencio.
"¿Las cosas serán diferentes? Si son así, ¿cómo?" Pensé mientras me acomodaba

Aquí se aprecian los escapularios que las monjas de la orden de las Carmelitas Descalzas de Puebla me dieron. Al regresar las visité en su convento y les llevé un parche de la misión proveniente del viaje.

En órbita con la bandera mexicana que posteriormente obsequié al presidente Felipe Calderón en México.

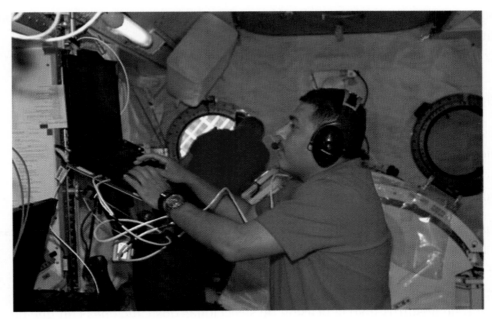

Llamando a casa desde la computadora.

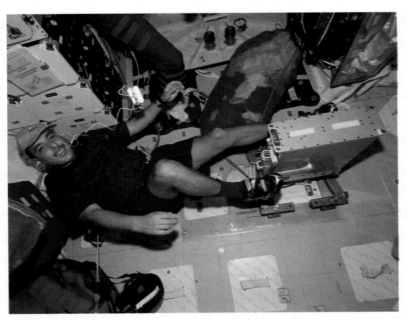

Ejercitándome en el cicloergómetro (bicicleta estática con un ergómetro para medir el trabajo hecho por el usuario) con mi gorra con la leyenda "Michoacán trabaja" que me había dado el gobernador del estado, Leonel Godoy.

dentro de la bolsa de dormir que flotaba en una nube imaginaria. No recuerdo con exactitud lo que soñé esa noche.

Los días siguieron pasando...

Día de vuelo 8

Es mi orgullo haber nacido en el barrio más humilde,
alejado del bullicio de la falsa sociedad.
Yo no tuve la desgracia de no ser un hijo del pueblo,
yo me cuento entre la gente que no tiene falsedad.

La letra de la canción "El hijo del pueblo", de José Alfredo Jiménez, nos despertó temprano el octavo día.

—Es música de mariachi —les dije.

—Buena elección —dijeron sonriendo.

Cada uno de nosotros tuvo la ocasión de seleccionar dos canciones con qué despertarnos. Para esa mañana particular, escogí "El hijo del pueblo". Es una canción de la época de mis padres que elegí en un esfuerzo por honrar tanto su arduo trabajo como el sacrificio con el que dieron a sus hijos una oportunidad para obtener una buena educación.

Mi destino es muy parejo, yo lo quiero como venga,
soportando una tristeza o detrás de una ilusión.
Voy camino de la vida muy feliz con mi pobreza,
como no tengo dinero, tengo mucho corazón.

Tarareé la canción mientras me vestía y colocaba mi bolsa de dormir en su compartimiento. Se habían realizado dos caminatas espaciales exitosas en dos ocasiones diferentes. "Danny" fue el único programado para ser parte de las tres EVA. La primera que hizo fue con Nicole, y la segunda y tercera, con Christer Fuglesang, nuestro astronauta sueco. Se requerían tres caminatas para completar las preparaciones en el exterior de la estación espacial.

Además, el octavo día de la misión fue muy especial para mí.

—José, ya está todo listo para la entrevista. Tienes cuatro minutos y 30 segundos para hacerla —me dijeron.

—Muy bien. Gracias.

Entonces escuché una voz familiar.

—¡Hola, José! Es Carlos Loret.

—Hola, Carlos.

Estaba encantado de escuchar al famoso reportero mexicano, quien había seguido mi carrera por algún tiempo. Para ser sincero, me aterraba el pensamiento de saber que millones de personas en América Latina iban a ver mi entrevista. No fue sino hasta que regresé y conversé con Carlos cuando me enteré de que él sentía lo mismo.

Éste era un acontecimiento histórico, ya que era la primera entrevista en vivo desde el espacio llevada a cabo en español. Los minutos pasaron tan rápido que cuando vi la hora, la entrevista ya había terminado. Hablamos sobre la vista de México desde el espacio, incluyendo la atractiva costa del estado de Quintana Roo en la Península de Yucatán. También conversamos sobre la imposibilidad para detectar las fronteras que dividen a la Tierra en países.

———————

Según lo veo desde acá, no hay fronteras. Nuestros líderes mundiales deberían ver lo hermoso que luce nuestro mundo desde esta perspectiva —le dije a Carlos Loret de Mola.

———————

Tan pronto como acabó la entrevista, me dirigí a realizar mi siguiente tarea, la cual consistía en hacer los preparativos para la tercera y última caminata espacial que iba a efectuarse al día siguiente. De nueva cuenta, "Danny" estaba programado para llevarla a cabo, ahora con Christer, para quien sería su segunda caminata en esta misión. Su tarea era colocar y enrutar los cables eléctricos y de fluidos necesarios para la instalación del último módulo de la EEI que iba a adaptarse en la siguiente misión. Nuestra tripulación pasó más de seis horas afuera de la EEI realizando tareas menores.

Mientras ellos hacían su paseo espacial, yo debía efectuar mis labores en el MPLM. Todo el día seguí pensando en la letra de "El hijo del pueblo".

Yo compongo mis canciones pa' que el pueblo me las cante,
y el día que el pueblo me falle
ese día... voy a llorar.

Unos días después, mi segunda canción nos despertaría. Había elegido una de mi generación: "Mi Tierra", de Gloria Estefan, que, para mí, puede definirse vagamente como "Mi planeta". Sin que yo lo supiera, la canción coincidió con el cumpleaños de la cantante. Esa tarde, nuestra oficina de relaciones públicas me envió un correo electrónico que Gloria había mandado a la NASA dirigido a mí. En el correo ella me felicitaba por representar a los hispanos en el espacio. Decía también que se sentía honrada de saber que su música no solo se tocaba alrededor del mundo, sino también fuera de él. Estuve sonriendo esa tarde, ya que no podía creer que hubiera sido tan amable de escribirme en el mismo día en que su canción nos despertó. De igual modo, me sorprendí gratamente de que el conocido bloguero Perez Hilton comentara en cuanto a mi selección que, por primera vez, un astronauta había escogido una canción *cool* para despertar.

Además de estos eventos, nuestras tareas continuaron, y los días siguieron pasando...

Día de vuelo 11

Nuestro tiempo en el espacio estaba llegando pronto a su conclusión. Tanto el piloto Kevin Ford como yo tomamos turnos para operar el brazo robótico con objeto de desacoplar el MPLM del puerto que da a la Tierra del módulo *Harmony*, y después colocarlo de nuevo en la bodega de carga del *Discovery*. Nos despedimos de Nicole y del resto de la tripulación de la EEI mientras el nuevo miembro, Timothy, se nos unía. Cuando algunos de los integrantes de la tripulación estaban cerrando la escotilla, hice una verificación de las herramientas en las computadoras portátiles abordo. Una vez que se cerraron las escotillas, el *Discovery* estuvo listo para desacoplarse de la Estación Espacial Internacional y comenzar su curso de regreso a casa. Pero esto no estaba programado sino hasta la mañana siguiente.

Día de vuelo 12

Nuestra primera orden del día era iniciar la secuencia de desacoplamiento del *Discovery* de la EEI. Esta actividad utiliza muchos recursos, pero todos estábamos listos; cada miembro de la tripulación tenía un trabajo que hacer durante esta fase del vuelo. Una vez que el *Discovery* se separara de la Estación a una distancia segura, Kevin, nuestro piloto, iniciaría la maniobra para volar alrededor de ella,

Mirando por la ventana en la bodega de carga del *Discovery* mientras el brazo robótico sujeta el Módulo Logístico Multipropósito, *Leonardo* (MPLM).

con objeto de que Tim y Danny pudieran fotografiar y grabar video de la EEI. Esto permitiría a los ingenieros en la Tierra revisar las imágenes de alta resolución y asegurarse de que la Estación Espacial no tuviera ningún daño estructural como resultado de impactos de micrometeoritos o desechos espaciales en órbita. Una vez que Kevin completó la maniobra, estuvimos listos para hacer la última inspección del sistema de protección térmica del *Discovery* usando de nuevo el brazo robótico del transbordador y el Sistema Sensor de la Pluma del Orbitador.

Día de vuelo 13

Era el día previo al que estábamos programados para regresar a casa. Esto significaba que íbamos a hacer algunas revisiones de sistemas y a comenzar a poner el *middeck* y la cabina de mando en configuración de deorbitación. "CJ" y Kevin llevaron a cabo la revisión del Sistema de Control de Vuelo (FCS) junto con la prueba de calor del Sistema de Control de Reacción (RCS). Los demás reconfiguramos las áreas de almacenamiento del *middeck* y la cabina de acuerdo con los requerimientos para aterrizaje.

Día de vuelo 14

Ese día hicimos los preparativos finales para después deorbitar y regresar a casa. Esto incluía cerrar las puertas de nuestra bodega de carga útil y ponernos de nuevo los trajes LES para la fase de reingreso del vuelo. Una vez que nos dieran luz verde, encenderíamos motores para entrar a la Tierra, ya que esto bajaría bastante la velocidad del transbordador para que la atmósfera de la Tierra nos capturara, comenzando así el descenso. Sin embargo, el clima de septiembre en el Kennedy Space Center no estaba cooperando. Había lluvia y rayos dentro del radio de 20 millas (~32 km) de nuestro sitio de aterrizaje del KSC. MCC Houston nos retrasó una órbita y, tras verse obligados a darnos otro retraso más, nos notificaron que el clima simplemente no iba a cooperar ese día y que íbamos a tener que demorar nuestro regreso 24 horas. Aunque estaba ansioso de reunirme con mi familia, me alegré de tener un día extra. A continuación nos programaron para hacer algunas tareas, pero no estábamos tan ocupados como en uno de nuestros días regulares en el espacio. Esto significaba que teníamos tiempo de mirar por la ventana y observar nuestro planeta y las constelaciones, hablar acerca de nuestra experiencia y la misión, ahora que estaba por llegar a su fin.

Observar la belleza de la Tierra desde el espacio es algo que no puedo describir con palabras. Siento mariposas en el estómago al pensar que poca gente ha tenido el privilegio de ver nuestro planeta desde mi perspectiva. Me maravillé del azul de los océanos y de la blancura de las nubes. En cierto momento fui capaz de vislumbrar las luces de algunas ciudades. "Puedo ver San Francisco, la Ciudad de México y Houston", pensé emocionado.

Logré tener unos minutos más para mí mientras el resto de la tripulación trabajaba. Sin que nadie se percatara, me fui a una esquina, saqué el crucifijo que Adelita me había dado, y dije una oración.

Danos, Señor, la luz que nos permita ver tu amor en
el mundo pese a las equivocaciones de los hombres.
Danos la fe para confiar en tu bondad pese a nuestra
ignorancia y debilidad.
Danos la sabiduría para que podamos continuar
rogando con un corazón humilde.
Y muéstranos lo que cada uno de nosotros puede

*hacer para favorecer la llegada del día de la paz
universal. Amén.*

Le pedí a Dios que bendijera a mi familia, a la tripulación, a todas las personas involucradas en esta misión, y a mí. Ese día me sentí más cerca de él que nunca.

Día de vuelo 15

Después de un día extra en el espacio, nos enteramos de que el clima todavía no era favorable en nuestro sitio primario de aterrizaje en el Kennedy Space Center. Por ello, el MCC Houston nos llamó para informarnos que regresábamos ese día a casa, pero que descenderíamos en nuestro sitio secundario de aterrizaje, el Edwards Air Force Base en California. Aunque estaba contento de aterrizar en mi estado natal, también me sentí un poco decepcionado porque eso significaba que nuestras familias no estarían presentes para recibirnos. De hecho, no las veríamos hasta el día siguiente cuando regresáramos a Houston para nuestra ceremonia de bienvenida en el hangar en Ellington Field. No obstante, toda la tripulación comenzó los preparativos para entrar a la atmósfera de la Tierra. Como medio para ayudar al ajuste de microgravedad a la gravedad 1 G de la Tierra, cada uno de nosotros tuvo que seguir un protocolo de carga de fluidos. Este protocolo requería que tomáramos grandes cantidades de líquidos, como agua y ponche, junto con pastillas de sal para ayudarnos a retener el agua. Se nos permitía saltarnos las pastillas de sal si elegíamos tomar consomé de pollo. Yo escogí el ponche y las pastillas de sal porque en particular no me agradaba la idea de tomar consomé frío.

"Prepárate para cambiar a Unidades de Energía Auxiliar (APU) como preparación para entrar a la atmósfera de la Tierra", fue la instrucción que "CJ" dio a Kevin.

Por fin, en algún lugar sobre el Océano Pacífico, MCC de Houston dio a "CJ" y a Kevin luz verde para encender motores y entrar a la atmósfera. Esto significaba que en menos de una hora estaríamos aterrizando en la Base Edwards.

Houston siguió en comunicación con nosotros todo el tiempo. Con cada minuto que pasaba, la distancia entre nuestro transbordador y la Tierra se acortaba. También creció en tamaño ante nuestros ojos, lo que significaba que nos estábamos acercando cada vez más a casa. En mi mente, contaba los minutos hasta que estuviéramos seguros en tierra.

El sitio de aterrizaje en Edwards era solo un punto en nuestro mapa. Mientras el Discovery *cruzaba el cielo a toda velocidad,* vi *en nuestros instrumentos que rompimos la marca Mach 25, lo que significaba que estábamos viajando a 25 veces la velocidad del sonido.*

Pude sentir cómo se sacudía el transbordador con la atmósfera y también noté un brillo de color naranja fuera de nuestras ventanas. Definitivamente estábamos en la atmósfera; enseguida empezamos a disminuir la velocidad para llegar a una velocidad de aterrizaje de un poco más de 200 mph (~320 kph). Noté que la gravedad estaba haciendo efecto poco a poco, ya que sentí el peso del casco pegado a mi traje LES. A casi de 26 000 pies (~8 000 m), atravesamos la capa de nubes y tuvimos una buena vista del terreno abajo y frente a nosotros. Para este momento, el transbordador tenía las características de un avión, ya que los controles de superficie aerodinámica respondían a la entrada del comandante. En este punto el transbordador se comportaba más como un planeador, pues no tenía su sistema de propulsión activo durante esta fase del vuelo. Tal situación, desde luego, significaba que solo teníamos una oportunidad de aterrizarlo. El comandante y el piloto habían practicado estos aterrizajes cientos de veces, si no es que miles, en simuladores y acercamientos reales utilizando uno de dos aviones que se habían modificado para ser capaces de volar con el perfil de aterrizaje de vuelo del transbordador. La mitad de la cabina de mando tenía los mismos controles que el transbordador. A 400 pies (~122 m), con el equipo ya armado, Kevin activó el comando para reducir la velocidad y las ruedas del transbordador se posicionaron para bajar, listas para tocar la superficie del pavimento de la Edwards Air Force Base. La pista de aterrizaje estuvo lista enseguida, solo era cuestión de recorrer literalmente la pista hasta que el paracaídas y los frenos de pedal nos llevaran poco a poco a detenernos por completo.

Reímos y aplaudimos en el momento en que el *Discovery* se detuvo por completo. Nuestros pulgares en el aire significaban el fin de una misión exitosa. Todos en Houston y en el Kennedy Space Center en Florida estaban celebrando nuestro éxito y regreso seguro.

Aterrizaje del *Discovery* en el sur de California en la base Edwards después de que el regreso se demoró un día debido al mal clima en el Kennedy Space Center.

Despliegue del paracaídas después del aterrizaje en la Edwards Air Force Base.

La apertura de las puertas del transbordador me recordó las veces que yo tuve que abrirlas para dar la bienvenida a los astronautas que regresaban. Sin embargo, esta vez, yo sería a quien darían la bienvenida. ¡Y en efecto así fue! "Bienvenido", me dijo uno de mis colegas de clase, Shane Kimbrough, mientras desabrochaba el cinturón de mi asiento.

Todos nos palmeamos en la espalda una vez que pudimos levantarnos y partir del transbordador. Los siete estábamos más que extasiados. Todo salió de acuerdo con el plan. Nuestro comandante de misión comenzó a felicitarnos mientras decía, "¡Lo hicimos!, ¡no pude pedir un mejor equipo!".

Todos tuvimos que pasar un día más en la base antes de ir a casa. Mientras esperaba el momento para regresar a Houston, no podía quitarme el pensamiento de que mi sueño de ir al espacio comenzó en el "Estado Dorado", en los campos de California.

Qué ironía, pensé, que estaba aterrizando solo a unos kilómetros de donde solíamos recolectar fresas. Era poético.

En cuanto tuve oportunidad, llamé a mi esposa y a mis padres, quienes se hallaban en Florida.

—Papá, ya regresé —le dije cuando escuché su voz.

—Sí, m'hijo, lo sé. Apenas lo vi en las noticias. ¿Cómo te sientes?

—¡Muy feliz!

—¿Por qué te ríes? —le pregunté al escuchar su risa.

—Estaba pensando en cuando trabajabas en los campos con tus zapatos rotos y tu ropa sucia, ¿recuerdas?

—Claro que sí.

—Y mírate ahora… ¡un astronauta que regresó del espacio; y estás bien!

—Fuiste tú quien me ayudó a llegar a este punto, papá. ¿Recuerdas lo que solías decirnos cada día después de trabajar en los campos? ¿Estando todos

Después del aterrizaje, a nuestra tripulación la recibe la tripulación de tierra de la Edwards Air Force Base.

cansados, sudados y sentados en el asiento trasero de tu carro? Decías: "Mírense ahora, porque este será su destino si no luchan por una educación".

—Sí, lo recuerdo —dijo antes de que reinara el silencio. No podría estar más orgulloso de ti, m'hijo.

Las palabras de mi padre me conmovieron y mi voz comenzó a temblar. Después de colgar, de inmediato llamé a Adelita.

—Pepe, hubieras visto a toda la gente importante que estuvo en el lanzamiento. Todos estaban "echando porras" y aplaudiendo. También te vimos por televisión, y la gente no para de hablar de ustedes. Es increíble.

—¿Y cómo te sientes?

—Nerviosa. Pasé todo el tiempo rezando mientras despegaba el transbordador.

—Yo también estaba rezando.

—Me alegro de que todo haya salido bien —dijo.

—Yo también, Adelita. No puedo esperar para verlos a todos —le dije.

—Nosotros también estamos ansiosos por verte.

—Estaré en casa mañana.

—¿Quieres que te cocine algo especial?

—Sí. Carnitas y mole poblano...

Todos pudimos ir a casa el día después de regresar del espacio. Mi teléfono celular no dejaba de sonar; eran mensajes de felicitación o solicitudes de entrevista. La cantidad de mensajes de voz que tuve fue absurda. Sabía que tenía mucho tiempo para escucharlos y darles respuesta, pero lo único que quería hacer era ir a casa y dormir. Todo había pasando tan rápido que sentí que no había podido procesarlo.

Nada en la Tierra se compara con las cosas que pude ver desde el espacio y todas las maravillas que rodean al universo. Alcancé lo increíble e hice lo impensable. Estaba orgulloso de mí mismo.

"¡Papá, papá, regresaste!", gritaron mis hijos, mientras corrían hacia mí cuando salí del avión de la NASA que transportó a toda la tripulación del *Discovery* de California a Houston. Adelita venía también corriendo detrás de ellos. Sus brillantes ojos verdes me recibieron y yo los miré mientras le daba un beso.

Me bombardearon con preguntas y no tuve tiempo de contestar una sola. Fue difícil dirigirme al hangar donde otros empleados de la NASA estaban esperando, así como la prensa. Poco después y de igual modo, ellos me lanzaron una serie interminable de preguntas:

"¿Cómo se siente?" "¿Qué estaba pensando mientras despegaba hacia el espacio?" "¿Extrañó su casa?" "¿Cree que volará en otra misión?" "¿Cómo se adaptó a la vida en el espacio?"

Mis padres y mi hermano Gilberto me estaban esperando en el hangar.

—¡Hijo! ¡Regresaste! Dios contestó mis plegarias —dijo mi mamá mientras me abrazaba muy fuerte.

—¡Lo hice mamá! ¡Fui al espacio!

—Sí, lo hiciste. Después de años de soñar y trabajar duro para conseguirlo, ¡al fin lo lograste! ¡Estoy tan orgullosa de ti, m'hijo!

—No puedo dejar de agradecerles a ti y a papá por todos los sacrificios que hicieron a lo largo de los años —le dije mientras colocaba mi mano en la espalda de mi padre. Ustedes dos plantaron la semilla de la cual brotó esta experiencia.

—Y tú la cosechaste —exclamó mi papá con lágrimas en los ojos.

Pasé toda la tarde en casa con ellos. Apagué mi teléfono para poder narrarles mi aventura en el espacio sin interrupciones. Mi esposa y mis hijos estuvieron callados y atentos mientras hablaba. Les conté que dormí en una bolsa de dormir flotante, que me bañaba con una esponja mojada y preparaba mis alimentos deshidratados. Además, les platiqué de cómo las cosas flotaban alrededor y cómo se veía la Tierra desde lejos. Creo que no dejé de lado ningún detalle. En un instante, sentí como si estuviera contándoles una película de ciencia ficción que había visto.

—Papá, ¿viste a Dios? —preguntó Karina.

—No, pero estuvo ahí conmigo.

—¿Cómo lo sabes?

—Porque sentí su presencia.

Karina me miró con una sonrisa en su rostro, una que nunca había visto. Fue como si mis palabras le confirmaran que alguien sí escuchaba sus oraciones cuando se arrodillaba en la noche para rezar.

—Entonces, sí existe —dijo.

—Sí, Karina, sí existe.

—¿Vas a recibir un pin de oro como el que he visto que usan otros astronautas? —preguntó mi hija Vannesa.

Se refería al pin del astronauta que cada uno recibe en una ceremonia tras su primer vuelo espacial.

—Claro que sí, ¡y todos ustedes estarán presentes cuando me lo pongan!

—Ya es hora de dormir —dijo Adelita mientras se levantaba del sofá. Su padre tiene que descansar…

Me aseguré de no despertar a nadie cuando me levanté en mitad de la noche para ir a la sala. No sé qué emoción se apoderó de mí que me puse a ver mis viejas fotografías que atestiguaban cómo pasaron los años. Después, regresé a mi cuarto y me paré frente al espejo. "¿En verdad estoy viviendo esta vida?" Di unos pasos hacia atrás para verme de pies a cabeza. El emblema de la misión STS-128 de la NASA en mi camisa brillaba a la luz de la luna.

Regresé a la sala y me senté en el sofá. Recortes de periódicos, cartas de reconocimiento y fotos con individuos importantes estaban desperdigados por toda la mesa de café. Mis 47 años de existencia se resumieron en una pila de imágenes y palabras; la historia de mi vida me veía a la cara.

Una fotografía en particular llamó mi atención. Era una donde estaba sosteniendo un jitomate en una mano, y una cubeta en la otra. Traía puestos una vieja playera azul y un par de zapatos rotos. Mi abuelo José y mis hermanos se encontraban parados junto a mí. Mi abuelo posaba con su sombrero de paja y todos traíamos ropa vieja y sucia. El campo podía verse hasta el infinito en el fondo. El color de la playera que usaba en la foto era el mismo color de la camisa de la NASA que tenía puesta mientras veía la foto. Fue inevitable sonreír pensando cómo las cosas en la vida cierran ciclos.

Seguí viendo muchas de las viejas fotografías de mi infancia y adolescencia, además de otras del día de mi boda y mis primeros días en la NASA. Mientras lo hacía, pensaba en lo que el futuro podía depararme todavía. "¿A quién conoceré? ¿Qué pasará conmigo? ¿Qué haré?" Desde luego, era imposible saber lo que iba a ocurrir a lo largo del camino, pero tan solo pensar en las muchas posibilidades era interminable.

Después de ver a mis hijos que ya dormían, una sensación familiar se apoderó de mí y me guió afuera, al jardín trasero. El pasto estaba mojado con el rocío del alba.

Pasé 14 días en el espacio. ¡Mi sueño se había vuelto realidad! Había visto a las estrellas más cerca que la mayoría de la gente en el planeta; qué bendición. Fue como si esas estrellas hubieran estado esperando toda mi vida para verlas mucho más de cerca. Esas estrellas presenciaron el instante en que nací, cuando me enamoré, y el momento en que las alcancé. Siempre habían estado observándome, protegiéndome, llamándome. Desde la distancia, eran pequeñas luces brillantes de esperanza, pero de cerca eran el material del que están hechos los sueños.

Pensé en toda la gente que se había cruzado en mi camino: amigos, familia, maestros y compañeros de trabajo. Todos ellos fueron responsables de una pequeña parte de mi éxito. Cada una de esas personas creyó que un niño del campo, vestido con harapos, podía un día cumplir su sueño de viajar al espacio. La vida tan complicada que vivieron muchos de mis amigos de la infancia me mostró que la existencia no siempre es justa ni fácil. Un maestro de la secundaria me enseñó la belleza de mi cultura y de mi tierra mexicana. La muerte de la esposa de un compañero de trabajo me ayudó a diseñar una máquina para la detección temprana del cáncer de mama. Y mis abuelos, que ayudaron en mi crianza, y me amaron y me cuidaron, nunca me permitieron olvidar lo especial que era.

—Pide un deseo, José —me decía mi abuelo cuando veíamos una estrella fugaz atravesar el cielo nocturno de Michoacán. "Deseo ser astronauta", decía yo desde el fondo de mi corazón.

Me di cuenta de que no hay fórmula secreta o mágica para hacer los sueños realidad. La única forma de volver realidad un sueño es tener la pasión, la ética de trabajo y la educación requerida para ir paso a paso, conforme se superan los obstáculos que buscan disuadirnos de cumplir ese sueño.

La educación es la herramienta crucial para cualquier cosa que hagamos en la vida. Es fundamental cuando nos aventuramos en el mundo.

Algunas personas son ateas; yo no. No creo que esté solo cuando digo que Dios responde a nuestras plegarias. He perdido la cuenta de las veces que me ha enviado señales o me ha hecho sentir su presencia cuando me inquietaba cada vez más antes de ir al espacio. Fue la misma respuesta que obtuve cuando me acomodé en una esquina del transbordador para orar porque nada saliera mal durante la misión.

Como en otra ocasión, tiempo atrás, me estremecí al ver pasar una estrella fugaz. Dediqué un segundo a pedir un deseo. "Deseo que mi vida no pase en vano", murmuré.

Tuve la oportunidad de experimentar y ver maravillas cuando estuve en el espacio. Mi pequeña existencia no es nada en comparación con todo lo demás en el universo. Sin embargo, todos somos seres vivos, capaces de grandes cosas en favor de la humanidad. Dicho esto, quiero dejar un legado que inspire. No puedo ir por la vida sin aspiraciones o metas.

"Deseo que mi vida no pase en vano", repetí una vez más. Quería que alguien escuchara o leyera acerca de mi historia y sintiera lo que yo sentí cuando supe de Franklin Chang-Díaz. Quiero que un niño mire hacia el cielo y diga: "¡Si él pudo hacerlo, yo también puedo!".

Nada es imposible. Si la gente es capaz de dejar a un lado sus inseguridades y creer en sí misma, puede darse cuenta de que todo es posible... sí que lo es. Recuerdo lo que me dijo Adelita cuando tiré mi carta de rechazo de la NASA a la basura. "Si no vas a ser astronauta, que sea porque la NASA dijo 'no', no porque tú te rendiste". Sabias palabras de motivación de alguien que amas y en quien confías, y que pueden hacer toda la diferencia en la vida.

Deseo que mi vida no pase en vano. Solo quiero ser feliz y estar sano por el resto de mi vida. Quiero respirar el aire fresco y tomar una taza de café en la plaza de La Piedad y pasar el mayor tiempo posible con mis hijos —Julio, Karina, Vanessa, Yesenia, Antonio—, mi maravillosa esposa Adelita, y el resto de mi familia. Quiero dejar mi huella para que mucha gente la siga. Quizá después de escuchar la historia de José Hernández, otros comenzarán a dejar sus propias huellas. Únicamente entonces podrán alcanzar sus estrellas, y una nueva historia, similar a la mía, comenzará así: *Había una vez un niño que soñaba con tocar las estrellas...*

Epílogo

Cuando volví de mi experiencia en el espacio, abrí un nuevo capítulo en mi vida. ¿Qué sigue ahora?, me pregunté, y con ese cuestionamiento en mente llegó el momento de tomar decisiones.

Al regresar al Johnson Space Center, en Houston, fui convocado para trasladarme a las oficinas centrales de la NASA en Washington D.C., para trabajar en la Oficina de Asuntos Legislativos e Intergubernamentales apoyando la construcción de la agenda del presidente Barack Obama en materia espacial. Acepté con gusto la nueva tarea.

Y así, durante un año trabajé en la planeación y asignación de presupuesto para llevar a cabo las expediciones espaciales del futuro. Los dos grandes temas fueron:

Con el presidente estadounidense Barack Obama en la celebración del 5 de Mayo en la Casa Blanca.

la exploración "a corta distancia" de la Tierra —como se ha hecho por 40 años— y la exploración "a larga distancia", lo que implica proyectos como la llegada de nueva cuenta del ser humano a la Luna, la inspección de asteroides, de Marte y aun más allá.

Parte de la estrategia consistió en diseñar un plan para capacitar al sector privado en materia de viajes "a corta distancia", a fin de que sean ellos quienes destinen recursos a esa área —como dar mantenimiento a la Estación Espacial Internacional, por poner un ejemplo—, lo que les dará interesantes beneficios, puesto que este sector será el encargado de llevar astronautas y ciudadanos a realizar investigaciones, o bien, a disfrutar del turismo espacial. Con esto, la NASA podrá invertir la mayor parte de sus ingresos en la exploración a "larga distancia", y eso significa la creación de nuevas naves espaciales que lleven al hombre a destinos mucho más lejanos, así como toda la tecnología que esta aventura implica.

Todos estos proyectos fueron gestionados por nuestro equipo ante el presidente, diputados federales y senadores, lo que me dejó una gran satisfacción personal y profesional.

Al concluir el año de trabajo volví a Houston, donde me encontré con la sorpresa de que estaba comenzando la selección de candidatos a una nueva misión espacial; sin embargo, las condiciones serían totalmente diferentes, ya que los transbordadores de la NASA se habían "jubilado", por lo que si queríamos volver al espacio, tendría que ser abordo de naves rusas.

Este cambio implicaba grandes diferencias, pues si yo deseaba ser parte de la misión, sería necesario que entrenara durante dos años y medio no solo en Estados Unidos, sino también en Rusia, Japón, Canadá y Europa, lo que significaba estar 80% de mi tiempo fuera de casa. Además, la duración de mi estancia en la Estación Espacial Internacional sería de al menos seis meses.

Tres años lejos de mi familia era un sacrificio que con dificultad podría pagar. Tomar una decisión respecto a mi vida también implicaba hacerlo respecto a las de mi esposa y mis hijos. No fue nada sencillo; muchas noches le pedí a Dios que me ayudara a tomar el camino correcto. Tenía que pensar en mi ausencia de casa, en lo importante que era para mis hijos crecer junto a su papá, en la tristeza de Adelita por no tenerme cerca; en fin, tantas cosas. Fueron momentos muy difíciles, ¡yo quería volver al espacio!, pero entonces puse las cosas en una balanza y así llegó el momento de cerrar uno de los ciclos más gratificantes de mi vida: renuncié a la NASA.

Desfile con serpentinas como bienvenida de héroe en mi pueblo, La Piedad, Michoacán, en septiembre de 2009. Camino al lado del alcalde de La Piedad, licenciado Ricardo Guzmán.

Entregándole la bandera y el parche de tela de la misión STS-128 al presidente de México, Felipe Calderón, en la residencia oficial de Los Pinos.

@Astro_Jose Jose Hernandez

Asi es mi Twiteros! Decidi retirarme de la NASA para aceptar una posicion en el sector privado. Esto dara mas tiempo para la familia!

En comunicación con los *followers*.

Pronto llegó la señal que tanto le pedí a Dios. Por fortuna, mi carrera aeroespacial pudo continuar, ya que una empresa especializada en el ramo me invitó a integrarme a su equipo, lo que me llenó de una inmensa felicidad. "Lo mejor de mis dos mundos", pensé, pues por un lado, podría estar con mi familia y, por otro, seguiría trabajando en un campo que me parecía fascinante.

En la actualidad soy Director Ejecutivo de Operaciones Estratégicas de la empresa MEI Technologies Inc. (MEIT), y espero en un futuro no muy lejano alcanzar el puesto de presidente de la compañía. Estamos explorando las oportunidades internacionales que son el nuevo nicho de mercado... Sin duda, los cambios son difíciles de aceptar en ocasiones, pero también resultan emocionantes.

Este nuevo trabajo me da la oportunidad de estar cerca de mis seres queridos y, además, me permite desarrollar una de las actividades que más disfruto: transmitir mi experiencia por medio de conferencias. He recorrido México y América Latina dando charlas que me acercan a miles de estudiantes, e incluso al personal de diversas empresas, para que se motiven y encuentren en mi experiencia una invitación a alcanzar el éxito. A todos ellos les comunico la mágica receta que alguna vez me dieron mis padres para poder triunfar en la vida y que ahora comparto:

1. *Identifica tu meta en la vida.*
2. *Conoce los pasos necesarios para alcanzar esa meta.*
3. *No tengas miedo de echarle ganas y trabajar.*
4. *Ponle mucho corazón a tu deseo y esmérate en conseguirlo.*
5. *Prepárate y estudia, ya que así forjarás los cimientos de tu sueño.*

Éstos no son los pasos para convertirse en astronautas, pero sí lo son para lograr convertirse en cosechadores de sus propias estrellas. La receta es válida para cualquier persona en cualquier parte del mundo y, créanme, es infalible.

Son muchas las universidades que he visitado para motivar a los jóvenes a que alcancen sus propios sueños. "¡Nada es imposible!", es el mensaje principal. Escuchar sus aplausos, sus felicitaciones y ver sus rostros asombrados cuando les describo el hermoso espectáculo que pude presenciar, es algo que simplemente no tiene precio.

"¿Qué reflexiones llegaron a tu mente mientras estabas en el espacio?", "¿Cambió tu vida la experiencia?", son dos de las preguntas que me hacen con más frecuencia y quiero compartir las respuestas:

Conforme avanzaba la cuenta regresiva para el despegue todo se iba intensificando: el ruido, la potencia de las turbinas y los propios sentimientos. Son tres horas antes el despegue, tiempo perfecto para hacer una retrospectiva. Pude recordar cuando de niño trabajaba en el campo junto a mi familia, aquellas imágenes de la llegada del hombre a la Luna y todos esos obstáculos que tuve que superar para estar sentado en aquel asiento de la nave espacial. Era increíble pensar que todos esos años de perseverancia e ilusión por fin rendían el fruto que tanto esperaba.

Cuando por fin llegó el esperado momento de despegar, sentí una presión en el pecho que bien puede asemejarse a la que percibiríamos si tuviéramos recostado en el pecho a un bebé recién nacido —una sensación que conozco a la perfección, ya que tengo cinco hijos—; pero conforme nos íbamos elevando, ese bebé se transformó en dos adultos, complicando incluso la respiración.

Ocho minutos y medio, y cruzamos la atmósfera. Ahora la gravedad cero nos hacía flotar y llegó entonces una sensación de ligereza maravillosa; pero el cinturón de seguridad todavía nos mantenía atados al sillón.

Después de estar sentado por más de una hora llevando a cabo mis tareas como ingeniero de vuelo, me quité el cinturón. Lo primero que hice fue asomarme por la ventanilla para poder ver el mundo desde una perspectiva que pocos humanos han podido tener.

Flotando, me acerqué a la ventanilla, y cuando miré al exterior muchos recuerdos de mi infancia llegaron a mi mente. Evoqué entonces cuando estudiaba Geografía en cuarto grado de primaria y veía el globo terráqueo en el escritorio de la maestra. "Aquí está España, este es Portugal, Italia tiene forma de bota", nos decía. Podía distinguir muy bien los países porque tenían diferentes colores.

Firmando autógrafos durante una conferencia en el colegio
San Joaquin Delta en Stockton, California.

Por supuesto que yo no esperaba ver tales diferencias desde el espacio, pero creí que bien podría distinguir las fronteras entre un país y otro. Sin embargo, no lograrlo me pareció aún más hermoso, ya que al ver el continente americano podía identificar dónde estaba Canadá, pero no distinguía dónde terminaba ese país y comenzaba Estados Unidos, ni dónde empezaba México y hasta dónde llegaba su frontera sur. Así recorrí toda Latinoamérica hasta Argentina. Entonces pensé: "Dios mío. Tuve que salir de nuestro mundo para llegar a la conclusión de que ahí abajo ¡todos somos uno! Porque al fin y al cabo, las fronteras son divisiones artificiales hechas por las manos del ser humano. ¡Qué bueno sería que los líderes mundiales pudieran vivir la misma experiencia que yo! Estoy seguro de que nuestro planeta sería un mejor lugar para vivir, pues sé que todos ellos reflexionarían de la misma forma en que yo lo hice, y su nueva perspectiva los haría cambiar en beneficio de todos.

Hay una anécdota más que me dejó una gran lección de vida: Cada 90 minutos dábamos una vuelta a la Tierra, lo que significaba que cada 45 minutos veía el amanecer y el ocaso del Sol. En uno de esos instantes pude ver el contorno de la atmósfera, tan delicada cubriendo la Tierra; "Los medioambientalistas tienen razón", me dije. Era sorprendente ver que esa fina capa era lo que mantenía el equilibrio de la vida; entonces reflexioné sobre la importancia de nuestros actos. Todo lo que hagamos ahora se reflejará en la vida de nuestros hijos y nuestros nietos, por eso es importante tomar conciencia y dejar de dañar el planeta.

Éstos y otros recuerdos son los que he compartido con estudiantes, académicos, empleados y trabajadores en los auditorios de decenas de universidades y empresas en México. Mi interés es que ellos, así como alguna vez me pasó a mí, vean a su propio Franklin Chang-Díaz que los inspire a pensar: "Si él pudo, ¿por qué yo no?"...

Con alumnos artistas (Santos Sosa, César Santos) en la develación del mural que pintaron en la Franklin High School, mi preparatoria (y de ellos). Hubo una tercera autora de la obra, Eudocia Palacios, quien no aparece en esta foto.

Desde niño mamá siempre me habló de la importancia de contribuir y compartir. Eso es lo que siempre he procurado hacer, y una de mis grandes satisfacciones fue ver finalmente concretado un esfuerzo de mucho tiempo. El 20 de abril de 2010 fue especial.

Luego de siete años de trabajo como asesor y generador de ideas, la Agencia Espacial Mexicana se convirtió en una realidad. El Congreso de la Unión aprobó la ley para crearla. Ahora que el camino ha iniciado, corresponde a los sectores gubernamentales, empresariales y académicos lograr que este proyecto sirva para beneficio de nuestro México. Me da mucha alegría saber que hay muchos mexicanos que han trabajado con esmero para ver este esfuerzo cristalizado.

Este proyecto significará una pauta muy importante en el desarrollo tecnológico del país. Como siempre lo he dicho, nuestros recursos naturales se agotan, por eso es tan importante echar mano de nuestros recursos intelectuales. Tenemos muchos, solo es cosa de darles una oportunidad para que detonen todo su potencial para el progreso.

Asimismo, me encuentro sumamente satisfecho de que nuestra Fundación Cosechando Estrellas junto con la Unión de Empresarios para la Tecnología en la Educación (UNETE), haya logrado la participación de México en el campamento internacional de la NASA que anualmente convoca la United Space School para que los jóvenes intercambien ideas, experiencias y conocimiento con científicos y especialistas del espacio. Del 24 de julio al 8 de agosto de 2011, nuestros dos embajadores en el evento —Miriam Ivonne Rocha Badillo, del CECyT-8 del Instituto Politécnico Nacional y Jesús Sánchez Iñiguez, del Colegio Salesiano Anáhuac Chapalita— estudiaron diversos temas aeroespaciales, incluyendo la planificación de una misión al planeta Marte.

Como lo dije en el evento de bienvenida a Miriam y Jesús, "Hay muchos jóvenes con capacidades extraordinarias que lo único que necesitan es una oportunidad para que puedan alcanzar sus sueños. Este tipo de acciones los motivan para que sigan adelante con sus estudios". Ese es el objetivo de Cosechando Estrellas.

En la United Space School de Houston, Miriam Ivonne Rocha Badillo y Jesús Sánchez Iñiguez, primeros estudiantes mexicanos becados por la Fundación Cosechando Estrellas para participar en un campamento internacional de la NASA junto con jóvenes de otras 18 naciones.

Muchas personas me han felicitado por haber alcanzado mis sueños; "Un astronauta que no ha perdido el piso", me dicen. Y creo que es verdad, sigo siendo el mismo José, el Pepe de mis papás, mis maestros y amigos. El hombre que pudo lograr sus metas y que ahora espera ver ansioso el camino que recorrerán sus hijos —sus *cinco estrellitas*—, siempre de la mano de mi querida Adelita, mi compañera, mi amor, mi cómplice.

Durante mi experiencia en el espacio le di la vuelta al mundo cada 90 minutos. Eso significa que en los 14 días que estuve allá le di más de 217 vueltas a la Tierra; es decir, recorrí 9 173 260.8 kilómetros. "Ya tienes mucho kilometraje", bromea siempre Adelita. Yo completo diciendo: "Dios quiera que aún me falte mucho más por recorrer".

¿Qué es lo que me espera mañana? No lo sé. Por lo pronto sigo viviendo, trabajando y a la expectativa; intrigado por el futuro, porque seguro llegarán nuevas sorpresas y las aguardo con feliz emoción.

El 10 de mayo de 2011 en El Paso, Texas, donde el presidente Barack Obama habló de mi experiencia en el marco de la conferencia "Building a 21st Century Immigration System".

Transcripción del segmento del discurso en que el presidente Obama hace referencia a José Hernández

...Esa es la idea que dio esperanza a José Hernández. ¿Está José Hernández aquí? ¿Dónde está? Ah, José está justo ahí. (*Aplausos.*) Quiero que escuchen y piensen en esta historia. Los padres de José fueron agricultores migrantes. Y así, mientras crecía, él también lo fue. Nació en California, aunque bien pudo haber nacido del otro lado de la frontera, si hubiera sido una temporada diferente del año, porque su familia se movía de una ciudad a otra con las temporadas. De hecho, dos de sus hermanos nacieron en México.

Así que viajaban mucho, y José se unió a sus padres en la recolección de pepinos y fresas. Perdía parte de la escuela cuando regresaban a México cada invierno. José no aprendió inglés hasta los 12 años. Pero, ¿saben algo?, José era bueno en matemáticas, y le gustaban. Y lo bueno es que las matemáticas son las mismas tanto en español como en inglés.

Así que José estudió, y estudió muy duro. Y un día estaba en los campos, recolectando betabeles blancos, cuando escuchó en un radio de transistores que un hombre llamado Franklin Chang-Díaz, un hombre con un apellido como el suyo, iba a ser astronauta para la NASA. Por lo que José, justo ahí en el campo, decidió: "Bueno, yo también puedo ser astronauta".

Así que José siguió estudiando, y se graduó de la preparatoria. Siguió estudiando, y terminó su carrera de ingeniería. Siguió estudiando, y terminó un posgrado. Y continuó trabajando arduamente, y fue a parar a un laboratorio nacional, donde ayudó a desarrollar un nuevo tipo de sistema de imagen digital médica.

Después de pocos años se encontró a más de 100 millas por encima de la superficie de la Tierra, viendo por la ventana del transbordador *Discovery*, recordando al niño en los campos de California con ese sueño loco de que en Estados Unidos todo es posible. (*Aplausos.*)

Piensen en eso, El Paso. El sueño americano está justo ahí. (Aplausos.) Eso es por lo que estamos luchando. Estamos luchando por cada niña y niño como José, con un sueño y potencial que solo está esperando ser descubierto. Estamos luchando para cumplir esa promesa, y eso no solo es benéfico para sus futuros, sino para el futuro de Estados Unidos. Por eso vamos a hacer este trabajo. Y es por ello que voy a necesitar su ayuda.

Gracias. Dios los bendiga. Y que Dios bendiga a los Estados Unidos de América. (*Aplausos.*)

Nota final

Al momento del cierre de esta edición se había llevado a cabo la misión STS-135, que puso fin a 30 años de transbordadores espaciales de la NASA. El *Atlantis* —que recibe su nombre por la primera embarcación del Instituto Oceanográfico de Woods Hole— regresó a la Tierra a las 05:57 pm del 21 de julio de 2011.

Los transbordadores representan una era de grandes avances tecnológicos y humanos que han permitido la exploración del espacio y avances científicos benéficos para la humanidad y el planeta.

Créditos de fotografías

Preliminares

P. iii: Retrato oficial de la Misión STS-138; foto cortesía de la NASA bajo la premisa de ser archivos de dominio público porque fueron creados por la Administración Nacional de Aeronáutica y el Espacio. Las políticas sobre copyright de la NASA estipulan que: "las fotografías no están protegidas por copyright, a menos que así se indique. Si no lo están, pueden reproducirse y distribuirse sin permiso adicional de la NASA".

Prólogo *El niño que llegó a las estrellas*

P. xiii: De izquierda a derecha, Carlos Loret de Mola, Mónica Rojas, mi coautora, y yo (José Hernández); foto proporcionada por Mónica Rojas.

Capítulo 1 *De mi padre*

P. 2: Imagen de la Piedad Michoacán. Al fondo, el Santuario del Señor de la Piedad.
P. 4: Mi padre, Salvador, en la plaza de La Piedad, Michoacán, con su Ford Fair Lane 500 1957. Tomada en 1961.
P. 10: Mi madre, siendo muy joven.
P. 15: A los 11 meses de edad con mi madre, Julia, de 22 años. Tomada en 1963.
La foto de la página 2 está tomada de Wikimedia Commons, un depósito de contenido libre hospedado por la Fundación Wikimedia, licenciado según la siguiente leyenda: "Este trabajo ha sido liberado por su autor para el dominio público, lo que aplica en todo el mundo. En caso de no ser legalmente posible, el autor autoriza a cualquier persona a utilizar la imagen para cualquier propósito, sin condiciones, a menos que sea expresamente prohibido por ley". http://commons.wikimedia.org/wiki/File:PIM19.JPG
Las fotos de las páginas 4, 10 y 15 fueron proporcionadas por José Hernández.

Capítulo 2 *La semilla germina*

P. 16: Con mis hermanos Gil (derecha) y Leticia (centro) después de un arduo día trabajando con el azadón en los campos de tomates "Evo del Carlo" cerca de Tracy, California.
P. 18: De mi época escolar cuando tenía 8 años de edad.
P. 31: Navidad en Stockton, California, a los 9 años de edad.
P. 35: Grupo de 1º y 2º de primaria con la maestra Young. Estoy en la fila superior, el segundo desde la derecha. La señora Young se halla en la última fila, la tercera de derecha a izquierda.
P. 38: Foto escolar a los 6 años de edad.
Las fotos de las páginas 16, 18, 31, 35 y 38 fueron proporcionadas por José Hernández.

Capítulo 3 *"Agarrando vuelo"*

P. 44: Jets T-38.
P. 46: Mi graduación de preparatoria de la Franklin Senior High School en Stockton, California, en 1980.

P. 65: Con mis hermanos. De arriba abajo en el sentido de las manecillas del reloj: Gil, Salvador y Leticia. La foto se tomó como un regalo para el Día de las Madres.

P. 66: Mi inspiración, el primer astronauta latinoamericano elegido por la NASA: el doctor Franklin Chang-Díaz. Resultó electo cuando cursaba el último año de preparatoria. Fue entonces cuando me prometí a mí mismo hacer todo lo posible para que la NASA me seleccionara como astronauta.

Las fotos de las páginas 44 y 66 son cortesía de la NASA bajo la premisa de ser archivos de dominio público porque fueron creados por la Administración Nacional de Aeronáutica y el Espacio. Las políticas sobre copyright de la NASA estipulan que: "las fotografías no están protegidas por copyright, a menos que así se indique. Si no lo están, pueden reproducirse y distribuirse sin permiso adicional de la NASA".

Las fotos de las páginas 46 y 65 fueron proporcionadas por José Hernández.

Capítulo 4 *Siguiendo mi sueño*

P. 74: Luces de las ciudades de la Tierra.

P. 76: Imagen de la Burns Tower, University of the Pacific en Stockton, California.

P. 89: Finalizando mi primero de 11 (y contando) maratones, el de la Avenue of the Giants en Humboldt Redwoods State Park al norte de California.

La foto de la página 74 es cortesía de la NASA: datos de Marc Imhoff de NASA GSFC y Christopher Elvidge de NOAA NGDC; la imagen resultante es de Craig Mayhew y Robert Simmon, NASA GSFC; bajo la premisa de ser archivos de dominio público porque fueron creados por la Administración Nacional de Aeronáutica y el Espacio. Las políticas sobre copyright de la NASA estipulan que: "las fotografías no están protegidas por copyright, a menos que así se indique. Si no lo están, pueden reproducirse y distribuirse sin permiso adicional de la NASA".

La foto de la página 76 está tomada de Wikimedia Commons, un depósito de contenido libre hospedado por la Fundación Wikimedia, licenciado según la siguiente leyenda: "Este archivo se encuentra licenciado por la Creative Commons Attribution 2.0 Generic license, que indica: Esta imagen es libre para ser compartida, copiada, distribuida y transmitida. Si se mezcla o adapta, debe atribuirse el trabajo como lo especifique el autor o licenciatario (pero evitando a toda costa que sugiera que aquel avala los cambios que se hayan hecho a su imagen)". (Esta fotografía corresponde a Gene Wright de Estados Unidos, quien permite utilizar la imagen atribuyéndole su autoría.) http://commons.wikimedia.org/wiki/File:UOP-burnstower.jpg.

La foto de la página 89 fue proporcionada por José Hernández.

Capítulo 5 *Hi Mom!*

P. 92: Rindiendo homenaje a mi madre, Julia, en mi graduación de la Escuela de Ingeniería de la Universidad Pacific, con el mensaje *Hi Mom* adherido a mi birrete.

P. 94: Anillo de bodas.

P. 96: Con mi hermano mayor, Salvador, en mi graduación de la Escuela de Ingeniería de la Universidad Pacific en 1985.

Las fotos de las páginas 92 y 96 fueron proporcionadas por José Hernández.

La foto de la página 94 está tomada de Wikimedia Commons, un depósito de contenido libre hospedado por la Fundación Wikimedia, licenciado según la siguiente leyenda:

"Este archivo se encuentra licenciado por la Creative Commons Attribution 2.0 Generic license, que indica: Esta imagen es libre para ser compartida, copiada, distribuida y transmitida. Si se mezcla o adapta, debe atribuirse el trabajo como lo especifique el autor o licenciatario (pero evitando a toda costa que sugiera que aquel avala los cambios que se hayan hecho a su imagen)". (Esta fotografía corresponde a Roger McLassus, quien permite utilizar la imagen atribuyéndole su autoría.) http://commons.wikimedia. org/wiki/File:2006-01-21_Ring_of_love.jpg.

Capítulo 6 *"El que persevera, alcanza"*

P. 108: Con mis hermanos después de pizcar tomates. De izquierda a derecha mi hermano Gil; nuestro abuelo paterno, José; Chavita mi hermano mayor; y yo, Pepe (camisa azul) a los 8 años de edad.

P. 110: Moño rosa, símbolo de la lucha contra el cáncer de mama, en la esquina de la 5a. y Market, en el centro de Louisville.

La foto de la página 108 fue proporcionada por José Hernández.

La foto de la página 110 está tomada de Wikimedia Commons, un depósito de contenido libre hospedado por la Fundación Wikimedia, licenciado según la siguiente leyenda: "Este archivo se encuentra licenciado por la Creative Commons Attribution 2.0 Generic license, que indica: Esta imagen es libre para ser compartida, copiada, distribuida y transmitida. Si se mezcla o adapta, debe atribuirse el trabajo como lo especifique el autor o licenciatario (pero evitando a toda costa que sugiera que aquel avala los cambios que se hayan hecho a su imagen)". (Esta fotografía corresponde a Jason Meredith *de* Louisville, Kentucky, EUA, quien permite utilizar la imagen atribuyéndole su autoría.) http://commons.wikimedia.org/wiki/File:Breast_Cancer_Awareness_(263497131).jpg.

Capítulo 7 *¡Feliz nuevo milenio!*

P. 132: La 19ª clase de astronautas, compuesta por 11 ciudadanos estadounidenses y tres japoneses. Todos fuimos seleccionados en 2004.

P. 134: Mi primer retrato oficial como un astronauta de Estados Unidos.

P. 139: La 19ª clase de astronautas de visita en las OPF (Orbiter Processing Facilities), instalaciones donde preparan los transbordadores para las misiones, como parte de su plan de estudios de entrenamiento como astronautas. El transbordador Atlantis se observa al fondo, se le estaba alistando para un lanzamiento próximo.

P. 144: Antonio Miguel, el más pequeño de la familia Hernández.

P. 149: Aquí estoy participando en un entrenamiento de supervivencia en el agua en el Neutral Buoyancy Laboratory (Laboratorio de Flotabilidad Neutral) ubicado en el Centro Espacial Lyndon B. Johnson en Houston, Texas.

P. 150: Más de mi participación en un entrenamiento de supervivencia en el agua en el Neutral Buoyancy Laboratory (2 fotos).

P. 151: Preparándome para un vuelo en T-38 de Ellington Field en Houston, Texas al Kennedy Space Center en Florida.

P. 156: En la ceremonia de graduación de 2006 de la Universidad Pacific con el actor y director Clint Eastwood y el famoso músico de jazz y alumno de la universidad, Dave Brubeck. Yo fui el orador de la ceremonia y tanto a Clint Eastwood como a mí nos honraron con un grado de doctorado honoris causa.

P. 160: El parche STS-128.

P. 161: Poster de la misión STS-128. El tema oficial de nuestra misión fue "A la conquista de la ciencia".

P. 162: Entrenamiento de emergencia para obtener la sensación de las fuerzas G asociadas con la eyección de un jet.

P. 163: En Maine, durante nuestro curso de entrenamiento para supervivencia en zonas desiertas. Viajamos por nuestra cuenta de regreso a la civilización.

P. 163: En Wyoming durante el invierno como parte de nuestro entrenamiento de la National Outdoor Leadership School (NOLS, Escuela de Técnicas de Vida al Aire Libre y Liderazgo).

P. 164: El laboratorio submarino Aquarius ubicado en la costa de Cabo Largo, Florida, utilizado para las misiones NASA Extreme Environment Operations (NEEMO). Para la NASA, Aquarius ofrece una convincente versión análoga de la exploración del espacio, y los miembros de la tripulación de NEEMO realizan algunas de las mismas tareas y enfrentan, bajo el agua, los mismos desafíos que enfrentarán en el espacio.

P. 165: Los integrantes de la 12ª. tripulación de NEEMO antes de comenzar nuestra misión análoga lunar de 12 días dentro de Aquarius. El laboratorio se encuentra a 60 pies (más de 18 metros) de profundidad en el océano.

P. 165: A mitad de camino de mi primera simulación de caminata lunar de 6 horas en el fondo del océano.

P. 166: La 19ª clase de astronautas preparándonos para nuestro primer vuelo de gravedad cero a bordo del avión KC-135 de la NASA. El avión vuela 60 parábolas, en las que experimentamos 25 segundos de gravedad cero en cada ciclo.

P. 167: Aquí estoy haciendo mi mejor representación de Superman durante uno de los ciclos de gravedad cero.

Las fotos de las páginas 132, 134, 139, 149, 150, 151, 160, 161, 162, 163, 164, 165, 166 y 167 son cortesía de la NASA bajo la premisa de ser archivos de dominio público porque fueron creados por la Administración Nacional de Aeronáutica y el Espacio. Las políticas sobre copyright de la NASA estipulan que: "las fotografías no están protegidas por copyright, a menos que así se indique. Si no lo están, pueden reproducirse y distribuirse sin permiso adicional de la NASA".

La foto de la página 144 fue proporcionada por José Hernández.

La foto de la página 156 fue proporcionada por Gabriela Fonseca.

Capítulo 8 *Cosechando el sueño*

P. 168: Poniéndome el traje en el cuartel de la tripulación el día del lanzamiento.

P. 170: El transbordador Discovery en la plataforma de lanzamiento.

P. 173: Como especialista de la misión STS-128, usando el laboratorio de realidad virtual en el simulador de vehículo espacial en el Johnson Space Center de la NASA para practicar algunos de mis deberes a bordo del transbordador y en la Estación Espacial.

P. 173: La tripulación del STS hace una pausa para tomarse una foto grupal durante las actividades del Test de Conteo y Demostración Terminal (TCDT). De izquierda a derecha: Danny Olivas, Kevin Ford, Nicole Stott, Pat Forrester, Frederick "CJ" Sturckow,

José Hernández (yo) y Christer Fuglesang. El TCDT incluye entrenamiento de escape de emergencia del orbitador, ocasiones para inspeccionar la carga de la misión en la bodega de carga de los orbitadores y ejercicios de conteo regresivo simulado.

P. 174: Reflexivo durante uno de nuestros últimos días de entrenamiento antes del lanzamiento.

P. 175: Módulo Logístico Multipropósito (MPLM).

P. 177: Llegando al Kennedy Space Center en jets T-38 y haciendo un vuelo alrededor del complejo de lanzamiento con el transbordador Discovery en la plataforma de lanzamiento.

P. 179: El Discovery en la plataforma de lanzamiento la tarde en que iniciaríamos el viaje.

P. 182: Con mi "paisano" Danny Olivas.

P. 185: La tripulación de la misión STS-128 abordando la camioneta que nos conduciría a la plataforma del lanzamiento.

P. 185: En el Cuarto Blanco justo antes de entrar y quedar sujeto en la cabina de vuelo del Discovery.

P. 187: El Discovery tres segundos después del lanzamiento.

P. 187: El Discovery ocho segundos después del lanzamiento.

P. 188: El Discovery en órbita durante la fase de encuentro con la Estación Espacial Internacional (EEI) desde la perspectiva de los astronautas en la estación.

P. 190: Un día típico de flotación en uno de los módulos de la EEI mientras desempeñábamos nuestras labores.

P. 192: En el espacio, usando una camiseta de mi alma máter, la Universidad Pacific.

P. 193: Mirando hacia afuera desde el lado ruso de la Estación Espacial Internacional con la Tierra al fondo durante la salida del sol, que ocurría cada 90 minutos. ¡Qué delgada y delicada parece la atmósfera de la Tierra!

P. 194: Los siete miembros de la tripulación del Discovery y los seis de la EEI justo después del acoplamiento. Nosotros 13 oficialmente representábamos a cinco países.

P. 195: Operando el brazo robótico de la Estación Espacial Internacional.

P. 195: Desactivando el brazo robótico de EEI.

P. 197: Aquí estoy con Danny preparando tacos de huevo para el desayuno.

P. 198: Aquí se aprecian los escapularios que las monjas de la orden de las Carmelitas Descalzas de Puebla me dieron. Al regresar las visité en su convento y les llevé un parche de la misión proveniente del viaje.

P. 198: En órbita con la bandera mexicana que posteriormente obsequié al presidente Felipe Calderón en México.

P. 199: Llamando a casa desde la computadora.

P. 199: Ejercitándome en el cicloergómetro (bicicleta estática con un ergómetro para medir el trabajo hecho por el usuario) con mi gorra con la leyenda "Michoacán trabaja" que me había dado el gobernador del estado, Leonel Godoy.

P. 203: Mirando por la ventana en la bodega de carga del Discovery mientras el brazo robótico sujeta el Módulo Logístico Multipropósito, Leonardo (MPLM).

P. 207: Aterrizaje del Discovery en el sur de California en la base Edwards después de que el regreso se demoró un día debido al mal clima en el Kennedy Space Center.

P. 207: Despliegue del paracaídas después del aterrizaje en la Edwards Air Force Base.

P. 209: Después del aterrizaje, a nuestra tripulación la recibe la tripulación de tierra de la Edwards Air Force Base.

P. 215: Familia.

Las fotos de las páginas 168, 170, 173, 174, 175, 177, 179, 182, 185, 187, 188, 190, 192, 193, 194, 195, 197, 198, 199, 203, 207, 209 y 215 son cortesía de la NASA bajo la premisa de ser archivos de dominio público porque fueron creados por la Administración Nacional de Aeronáutica y el Espacio. Las políticas sobre copyright de la NASA estipulan que: "las fotografías no están protegidas por copyright, a menos que así se indique. Si no lo están, pueden reproducirse y distribuirse sin permiso adicional de la NASA".

Epílogo

P. 218: Con el presidente estadounidense Barack Obama en la celebración del Cinco de Mayo en la Casa Blanca.

P. 220: Desfile con serpentinas como bienvenida de héroe en mi pueblo, La Piedad, Michoacán, en septiembre de 2009. Camino al lado del alcalde de La Piedad, licenciado Ricardo Guzmán.

P. 220: Entregándole la bandera y el parche de tela de la misión STS-128 al presidente de México, Felipe Calderón, en la residencia oficial de Los Pinos.

P. 223: Firmando autógrafos durante una conferencia en el colegio San Joaquin Delta en Stockton, California.

P. 224: Con alumnos artistas (Santos Sosa, Cesar Santos) en la develación del mural que pintaron en la Franklin High School, mi preparatoria (y de ellos). Hubo una tercera autora de la obra, Eudocia Palacios, quien no aparece en esta foto.

P. 225: En la United Space School de Houston, Miriam Rocha Badillo y Jesús Sánchez Iñiguez, primeros estudiantes mexicanos becados por la Fundación Cosechando Estrellas para participar en un campamento internacional de la NASA junto con jóvenes de otras 18 naciones.

P. 226: El 10 de mayo de 2011 en El Paso, Texas, donde el presidente Barack Obama habló de mi experiencia en el marco de la conferencia Building a 21st Century Immigration System.

P. 228: El Atlantis regresó a la Tierra a las 05:57 p.m. del 21 de julio de 2011. Foto de NASA/Kim Shiflett.

Las fotos de las páginas 218, 220, 223 y 225 fueron proporcionadas por José Hernández.

La primera foto de la página 220 se tomó del blog Cazador de la verdad, http://lapiedad-cazador.blogspot.com/2009/11/realizan-actividades-en-homenaje-jose.html.

La foto de la página 224 proviene de la Franklin High School.

La foto de la página 226 proviene del sitio de la Casa Blanca, White House President Barack Obama, bajo la premisa que indica que "de acuerdo con las leyes federales, siendo materiales producidos por el gobierno no están protegidos por copyright". Asimismo, dichos materiales se encuentran licenciados por la Creative Commons Attribution 3.0 License, la cual indica que toda foto suministrada por cualquier persona ajena al sitio de la Casa Blanca otorga una licencia gratuita, irrevocable y no exclusiva para su uso.

La foto de la página 228, es cortesía de la NASA: NASA/Kim Shifflet, bajo la premisa de ser archivos de dominio público porque fueron creados por la Administración Nacional de Aeronáutica y el Espacio. Las políticas sobre copyright de la NASA estipulan que: "las fotografías no están protegidas por copyright, a menos que así se indique. Si no lo están, pueden reproducirse y distribuirse sin permiso adicional de la NASA".